Abriß

der

Staatsökonomie

oder

Staatswirthschaftslehre,

von

Leopold Krug,

königl. preußischem Kriegsrath.

Berlin, 1808.

In der Realschulbuchhandlung.

Vorrede.

Das kleine hier dem Publikum übergebene Lehrbuch entstand aus den Vorarbeiten zu einem Unternehmen, das schon seit geraumer Zeit die von Berufsarbeiten mir übrigbleibenden Stunden ausfüllte, und dessen Anfang unter dem Titel, Geschichte der staatswirthschaftlichen Gesetzgebung im preußischen Staate erschienen ist. Ich glaubte, mit der Ausarbeitung dieses Abrißes zum Druck eine nützliche Arbeit zu verrichten.

Es ist mir noch kein Lehrbuch dieser Wissenschaft vorgekommen, welches kurz und streng begrenzt die Sätze vorträgt, die hieher gehören, und welches dadurch dem Lehrer sein Geschäft erleichterte und es für ihn und seine Zuhörer angenehmer machte: als wenn er bei einem größern Lehrbuche oft mit Lesung der Paragraphen die mehreste Zeit hinbringen muß. Für den Selbstunterricht habe ich aus eigner Erfahrung den großen Werth kleiner Lehrbücher kennen gelernt, die durch ihre Kürze die Uebersicht über das ganze Feld der Wissenschaft erleichtern und durch ihren Ideenreichthum dem Verstande Beschäftigung genug verschaffen: um Geschmack an dem Studium zu gewinnen, das wir gewählt haben, oder das unser künftiger Wirkungskreis verlangt.

Man hört so oft darüber klagen, daß die Theorien der Staatswirthschaftslehre in der Regel nur von Gelehrten von Profession aufgestellt und dem Publikum vorgelegt werden: hier legt nun ein praktischer Staatsdiener eine solche Theorie vor, in der Hofnung, daß diese Eigenschaft des Verfassers bei den praktischen Geschäftsmännern der Schrift selbst mehr Eingang verschaffen werde. Möchte es doch endlich gelingen, den in wissenschaftlicher Hinsicht wirklich aldern zu nennenden Streit zwischen Theoretikern und Praktikern als solchen ganz niederzuschlagen. Wenn der Praktiker, — der nothwendig vorher Theoretiker gewesen seyn muß, wenn er nicht ein staatswirthschaftlicher Tagelöhner seyn will — durch reine und richtige Erfahrung einen in der Theorie der Wissenschaft aufgestellten Grundsatz in der Wirklichkeit anders findet: so berichtige er die Theorie; und wenn er in seinem Wirkungskreise Gegenstände findet, die nicht in der Theorie aufgestellt sind, und es doch zu seyn verdienen: so bereichere er die Theorie mit denselben.

Es finden sich in manchen Staaten Radikalübel, welche dem Staatswirthe bei der Befolgung der von ihm als allgemein richtig anerkannten Regeln unüberwindliche Hindernisse in den Weg legen: ohne daß er im Stande ist diese Uebel wegzuschaffen, z. B. Zerstückelung der zu einem Staate gehörenden Länder, ungeheure Ausdehnung des Reichs, unbequeme Lage der Hauptstadt, als des Zentralpunkts der Regierung ꝛc. und selbst politische Verhältnisse; schon das macht dem praktischem Geschäftsmanne theoretische Lehrbücher und Sisteme verdächtig, daß diese in der Regel die Staaten so darstellen, wie sie in Beziehung auf dergleichen Grundverhältnisse seyn sollten oder seyn könnten; noch mehr aber hat die Nichtachtung philosophischer und theoretischer Schriften über die Staatsökonomie von den Empirikern darin ihren Grund: daß so viele in ihnen aufgestellte Dinge sich gar nicht in der Praxis finden, und daß von vielen, welche der Geschäftsmann in seinem Arbeitskreise täglich sieht und findet, gar nichts in dem Lehrbuche erwähnt ist. Die Schuld der hieraus entstehenden Mißhelligkeiten zwischen Theoretikern und Praktikern fällt gewöhnlich beiden Theilen gleich sehr zur Last; der Theoretiker macht sich oft an die Arbeit, ohne die Verfassung und innere Einrichtung eines Staats gehörig zu kennen, und unsre statistischen Lehrbücher reichen in der Regel auch nicht hin: den Gelehrten, der nicht durch Erfahrung selbst Kenntnisse von dem wirklichen Zustande des Staats sammeln kann, gehörig zu unterrichten, und dann hat freilich der Praktiker gerechte Ursach zur Klage; aber dieser vergißt auch gar oft den Zweck der Wissenschaft: die einzelnen Gegenstände unter allgemeine Regeln zu fassen; und es ist seine eigne Schuld, wenn er die in der Erfahrung ihm vorkommenden Gegenstände nicht unter die allgemeinen von der Wissenschaft aufgestellten Regeln zu bringen weiß.

Wie ist es aber auch überhaupt möglich, daß das Lehrbuch einer Erfahrungswissenschaft alle Verirrungen des menschlichen Verstandes, die wir in der täglichen Erfahrung finden, aufstellen und einzeln beurtheilen kann? Wie manche Verfassung und Einrichtung in unsern Staaten verdankt ihren Ursprung dem blinden Ungefähr, der Leidenschaft, dem Mangel an Nachdenken, der Unfähigkeit zu demselben, der Unwissenheit einzelner Menschen, der physischen Macht eines

Standes über den andern — und ihre Erhaltung der Furcht vor Neuerungen, oder der Bequemlichkeit? Möge also der Geschäftsmann aus speziellen Schriften über den Staat, in dem er thätig seyn soll, oder durch Erfahrung sich historische Kenntnisse von dessen statistischen Verhältnissen verschaffen und dann mit gehöriger Prüfung und ernstem Nachdenken die wissenschaftlichen Grundsätze auf ihn anwenden: so wird er mit der Theorie versöhnt und fähig gemacht werden, aus dem Studium derselben den Nutzen für seine Bildung und für seine Geschäfte zu ziehen, den die Regierungen von ihren mit Aufwand des National- und Staatsvermögens etablirten Instituten für Wissenschaft und Belehrung zu erwarten und zu fordern berechtiget sind.

Und — warum ist die Bekanntmachung von einzelnen historischen Notizen, die zur Prüfung und Erläuterung theoretischer Sätze dienen können, so selten? Warum bleibt ein so großer Abstand zwischen dem theoretischen Studium der Staatswissenschaften und deren Anwendung? welche in der Regel erst durch Jahre lang mühsam fortgesetzte oft langweilige Arbeit zu einem wahren Ganzen vereiniget werden; und selbst diese Uebergangsperiode von der Theorie zur Praxis wird oft noch dem höhern Staatsbeamten erschwert — wenigstens in der Regel nicht erleichtert. Wie kann man dann Männern, die in einem kleiuen Kreise und an wenig Objekten nur Erfahrungen anstellen können, es zum Vorwurfe machen: daß ihre theoretischen

Sätze nicht auf einen großen Kreis passen, daß sie nicht auf alle dabei zu berücksichtigende Umstände Rücksicht nehmen?

Ueber das zu wenig oder zu viel von einzelnen Gegenständen oder vom Ganzen werden die Meinungen über diesen Abriß gewiß getheilt seyn; da er indessen hauptsächlich zum Leitfaden bei dem mündlichen Vortrage der Wissenschaft bestimmt ist, so war meine Absicht bei dieser kleinen Schrift nur: vollständige Andeutungen der Gegenstände zu geben, welche der Staatswirth in's Auge fassen, über welche er nachdenken und mit welchen er in sich selbst auf's Reine gekommen seyn muß: wenn er im praktischen Leben theils zur Gesetzgebung selbst, theils zur Anwendung der gegebenen Gesetze, theils zur Beurtheilung der staatswirthschaftlichen Verhältnisse einzelner Stände und Distrikte tauglich werden will. Diese Andeutungen mußten aber auch so eingekleidet, mit möglichster Kürze so bestimmt angegeben und motivirt werden: daß ein Jeder beim Lesen derselben auf den richtigen Gesichtspunkt gestellt und zugleich auf die Nebenansichten aufmerksam gemacht wurde.

Uebrigens scheint es, als wenn ich bei dieser kleinen Schrift mich mehr über dasjenige erklären müßte, was man nicht darin findet, als über das, was darin aufgenommen ist. Mein Vorsatz war, die Staatswirthschaftslehre von der Nazionalökonomie als eine von der letztern eingeschränkte Wissenschaft zu trennen, und ich nahm hier den von Jakob hinlänglich begründeten Unterschied beider Wissenschaften an. Aber auch von den übrigen in die ältern Lehrbücher der Wissenschaft theils mehr theils weniger aufgenommenen Hülfswissenschaften wollte ich die Staatsökonomie trennen; weil sie durch jene zu einer bunten Rezeptensammlung aus allen möglichen Gewerben, Küusten und Wissenschaften gemacht worden war.

Da die Wissenschaft auf philosophische Grundsätze gebauet, und doch der junge Mann, der sich zum künftigen Staatsdiener bilden will, auf die Gegenstände aufmerksam gemacht werden muß, die er und wie er sie in seinen künftigen Amtsgeschäften wirklich findet: so entstand hieraus der größte Theil der Paragraphen des ersten Kapitels, welche das gewöhnliche Verfahren vieler Staatswirthe und Staatswirthschaftslehrer mit dem Zweck der Staatswirthschaft überhaupt vergleichen; viele Lehrer und Leser werden diese Gegenstände mit neuen Rubriken vermehren können.

Auch muß ich noch anzeigen, daß dieses Lehrbuch bloß für Deutsche bestimmt ist; ich gründete daher meine vorzutragenden Sätze auf meine Kenntniß von dieser Nazion, auf deren bürgerliche und Staats-Verfassung, und auf den Grad der intellektuellen Kultur, welche sie erreicht hat; man findet daher nichts von Kolonien, nichts von Behandlung der Sklaven und nichts von den Maaßregeln, um einen aus wilden und rohen Menschen bestehenden Volkshaufen in staatswirthschaftlicher Hinsicht zu behandeln; dagegen findet man verschiedene Gegenstände, welche nur auf die Verfassung deutscher Länder Bezug haben, z. B. Landstände, Bauerwirthschaft ꝛc.

Die oben erwähnte Geschichte der staatswirhschaftlichen Gesetzgebung im preußischen Staate kann diesem Lehrbuche zu einer Sammlung von Belägen und gleichsam zu einem Korollarium dienen; sie wird dem Lehrer, der mein Lehrbuch seinem Unterricht zum Grunde legen will, Materialien genug darbieten, um die Anwendung der theoretischen Sätze in der Praxis darzustellen und anschaulich zu machen.

Jedermann, der Kraft in sich fühlt, falsche Vorurtheile und Irthümer mit

Wahr-

Wahrscheinlichkeit eines guten Erfolgs angreifen und bekämpfen zu können, möge diese Kraft anwenden zum Wohl seiner Brüder; und — wenn auch unser Loos ist, daß wir statt alter Vorurtheile und Irthümer oft wieder neue annehmen, oder wenigstens zu neuen Veranlassung geben, so tröste uns die durch die Geschichte der in der Kultur des Verstandes wachsenden Nazionen bestätigte Erfahrung: daß die neu angenommenen Vorurtheile und Irthümer niemals so schädliche nnd unglückliche Folgen auf das Wohl der Völker und Nazionen hatten, als die glücklich besiegten vorher äußerten; und daß Mangel an Einsicht und an Gebrauch der Vernunft unstreitig mehr Unglück und Elend über die Welt gebracht haben, als böser Wille der Einzelnen, von welchem ohnedem wieder die größere Hälfte den ersten Mängeln ihre Entstehung verdankte.

Berlin im Dezember 1807.

Inhaltsanzeige.

Grundsätze der Staatsökonomie

oder

Staatswirthschaftslehre.

Einleitung.

§ 1.

Die Staatsökonomie, Staatswirthschaftslehre oder Staatsfinanzwissenschaft giebt die Art und Weise an: wie das Staatseinkommen und Staatsvermögen — öffentliches Einkommen und Vermögen — auf die dem Wohlstande der Nazion am wenigsten schädliche Art zusammengebracht, und zu den öffentlichen Zwecken auf die dem Nazionalwohlstande zuträglichste Art verwendet werden müsse.

§ 2.

Ein Staatseinkommen und ein Staatsvermögen setzt ein Nazionaleinkommen und ein Nazionalvermögen voraus, von welchem jenes einen Theil ausmacht; das erste verhält sich also zu dem letzten wie Staatsökonomie zur Nazionalökonomie; diese enthält die Regeln: wie sich das Einkommen, das Vermögen und der Reichthum einer Nazion bildet, und die Staatsökonomie ist ihr in so fern untergeordnet; sie muß die

Gesetze der Nazionalökonomie respektiren, wenn sie nicht ihrem eigenen Zweck entgegenhandeln will.

§ 3.

Die Staatsökonomie setzt die Regeln der Nazionalökonomie zum voraus und bezieht sich auf ihre Untersuchungen: über Werth und Preis der Dinge, über die Elemente des Nazionalreichthums, über Entstehung der Kapitale, über Geld und dessen Werth, und über den Einfluß des Grundes und Bodens, der Arbeit und der Kapitale, auf das Nazionaleinkommen und das Nazionalvermögen.

§ 4.

Der erste Gegenstand der Staatsökonomie ist die Untersuchung der Frage: welchen Einfluß kann die Regierung auf die Entstehung und Vermehrung des Nazionaleinkommens und Nazionalvermögens, als der Quelle des Staatsvermögens haben und wie können ihre Veranstaltungen dasselbe vermehren oder vermindern?

Der zweite Gegenstand ihrer Untersuchungen geht auf die Art: wie das Staatseinkommen und Staatsvermögen zusammengebracht werden müsse, um die Entstehung und Vermehrung des Nazionalvermögens so wenig als möglich zu hindern?

Der dritte Gegenstand ihrer Untersuchungen

ist: zu welchen Bedürfnissen und auf welche Art das Staatseinkommen und Staatsvermögen verwendet werden müsse, um den Hauptendzweck einer jeden bürgerlichen Gesellschaft möglichst zu begründen und zu erhalten?

§ 5.

Die Untersuchungen über das Verhältniß der Regierung zu den Staatsbürgern und über die gegenseitigen Pflichten derselben nehmen nicht Rücksicht auf die Person oder die Familie des Regenten, indem die Staatswirthschaft nur die Thätigkeit der Regierung als solcher — aber nicht die Person des Regenten als ersten Staatsbürgers zu ihrem Gegenstande nimmt. Der Regent kann für einzelne Menschen, für einzelne Zweige menschlicher Thätigkeit, für einzelne Grundstücke rc. manches thun, was die Regierung nach den Grundsätzen der Wissenschaft nicht thun darf; hier muß drr Regent als erster Staatsbürger betrachtet werden, der eben so gut, wie jeder Privatmann sein Vermögen nach seinem Belieben verwenden kann.

§ 6.

In dieser Hinsicht möchte eine Trennung des Einkommens und Vermögens des Staats und des Regenten, wie sie zum Theil in ältern Zeiten war, rathsam scheinen, wenn sie nicht auf der andern Seite vielen Bedenklichkeiten unterworfen wäre; es fehlt an einer möglichen Kontrolle, und eine jede in monarchischer Verfassung lebende Nazion muß in der Ehre und Würde ihres Regenten ein hinlängliches Unterpfand für die Rechtlichkeit seiner Handlungen haben; unter der Regierung eines ungerechten Despoten findet weder Kontrolle noch Zutrauen, noch irgend eine Regel der National- und der Staatsökonomie statt. Die Staatswirthschaftslehre setzt also zum voraus: daß der Wille des Regenten rechtlich sei — und so gehört die Verwendung seines eigenthümlichen Einkommens und Vermögens nicht in ihr Gebiet.

§ 7.

Die Grundsätze der Staatswirthschaftslehre setzen voraus, daß es der Wunsch und der Wille einer jeden Regierung sei: daß die Nazion, für deren Bestes sie sorgen soll, an Vermögen und Reichthum immer mehr zunehme; wenn die Regierung aber bei ihren Operazionen einen andern Zweck hat (etwa einen politischen) und diesen höher setzt, als den hier angegebenen; so wird sich freilich der Staatswirth manche Modifikazion und manche wesentliche Abänderungen seiner Vorschläge und Einrichtungen müssen gefallen lassen.

§ 8.

Einem Jeden, der sich über die Gegenstände der Nazional- und Staatsökonomie deutliche Begriffe verschaffen will, sind folgende Schriften zu empfehlen:

1) Franc. Quesnay maximes générales du gouvernement économique. Versailles. 1758. 8. — übersetzt unter dem Titel: Allgemeine Gründe der ökonomischen Wissenschaften ꝛc. 3 Theile. Frankfurt. 1770. 71. 8.

2) Philosophie rurale, ou Economie générale et politique de l'Agriculture etc. Amsterdam. 1764. 3 Vol. — übersetzt von Wichmann unter den Titel: M. Mirabeau Vikt. de Riquetti Landwirthschaftsphilosophie. 1797. 98. 2 B. 8.

3) James Stewart Inquiry into the Principles of political oeconomy. London. 1767. 2 Vol. — übersetzt Tübingen. Cotta. 1769. 5 B. 8.

4) Smith Inquiry into the nature et causes of the wealth of nations. London. 1776. — Uebersetzt zuletzt von Garve. Breslau. 1799. 3 B. 8. Wichtig ist die französische Uebersetzung von Garnier. Paris. 1802. 5 B. 8., vorzüglich die Vorrede und der 5te Band, welcher wichtige Anmerkungen des Uebersetzers enthält.

5) Le Trosne de l'ordre social etc. Paris. 1777, — übersetzt von Wichmann: Lehrbegriff der Staatsordnung. 1780. 81. 2 B. 8.

6) Lüder über Nazionalindustrie und Staatswirthschaft. Berlin. 3 Thl. 1800 ꝛc. 8.

7) B. V. F. Canard principes d'Economie politique. Paris. 1801. — übersetzt Ulm. 1807.

8) A. B, de Say Traité d'Economie politique. Paris. 1803. 2 B. 8. — übersetzt mit Anmerkungen von Jakob. 1807. Halle. 2 B.

9) Simonde de la richesse commerciale, ou principes de l'Economie politique etc. Geneve. 1803. 2 B. 8.

10) Jakob Grundsätze der Nazionalökonomie. Halle. 1805. 8.

11) F. von Soden Nazionalökonomie. Leipz. 1805. 1806. 2 B. 8.

12) v. Schlözer Anfangsgründe der Staatswirthschaft. Riga 1805. 1806. 2 B. 8.

13) Sartorius Abhandlungen, die Elemente des Nazionalreichthums betreffend. Göttingen. 1806. Erster Th. 8.

14) Hufeland neue Grundlegung der Staatswirthschaftskunst. Gießen. 1807. Erster Th. 8.

Wer diese Schriften gelesen, verstanden und studirt hat, wird in den durch Vorurtheile und Egoismus so verwickelt gemachten ökonomischen Wissenschaften vor Irthümern bewahrt werden, und aus dem Labirinth der Staatsverwaltungen einen lichtvollen Weg zu den höhern Zwecken bürgerlicher Vereine finden.

Erstes Kapitel.

Einfluß der Regierung auf die Entstehung und Vermehrung oder Verminderung des Nazionaleinkommens oder Nazionalvermögens.

A.

Im Allgemeinen.

§ 1.

Da das Einkommen und Vermögen einer Nazion aus dem Einkommen und Vermögen der einzelnen Staatsmitglieder besteht; so muß das erste um so größer werden, je mehr ein jeder Einzelne seine Kräfte auf die Erwerbung eignen Vermögens wendet und wenden kann.

§ 2.

Die Regierung hat, ausser den allgemeinen Verpflichtungen für die größte Sicherheit der

Personen und des Eigenthums gegen Angriffe von aussen und innen, noch verschiedene Mittel, um den Wohlstand der Nazion zu vermehren; welche in der Regel für Privatpersonen nicht ausführbar sind, oder doch nicht gewöhnlich von ihnen ausgeführt werden.

§ 3.

Der Wille eines jeden einzelnen Staatsbürgers, also der Wille einer ganzen Nazion ist: bei der Vereinigung zu einem Staate die Freiheit, ihr Eigenthum zu benutzen und ihre Kräfte anzuwenden, nicht aufzugeben, sondern sie durch diese gesellschaftliche Vereinigung zu schützen und zu erhalten. Die neuern Regierungen, deren Bedürfnisse gegen ältere Zeiten so hoch gestiegen sind, und die so viele Entbehrungen von den Staatsbürgern fordern, müssen also die Freiheit derselben zur Benutzung ihres Eigenthums und ihrer Kräfte so sehr als möglich schützen und vermehren, aber nicht um zweideutiger und zweifelhafter Zwecke willen beschränken.

§ 4.

Sie müssen bei ihrer Thätigkeit zur Beförderung des Wohlstandes der Nazion wohl darauf achten: ob der mit hinlänglicher Wahrscheinlichlichkeit für das Ganze zu erwartende Nutzen mit dem nöthigen Aufwande in gehörigem Verhältniß stehen wird? Denn das Staatsvermögen ist ein Eigenthum der Nazion und die Regierung ist für dessen Verwendung verantwortlich.

§ 5.

Wenn ein Privatmann in den Mitteln zur Vermehrung seines Wohlstandes sich vergreift und seinen Zweck verfehlt, so hat das nur für sein eignes Vermögen üble Folgen; wenn aber eine Regierung sich in diesen Mitteln vergreift, so hat dies üble Folgen für das Vermögen Aller; und eine Regierung wird leichter hierin irren, als ein Privatmann: da die Beamten der erstern nicht ihr eignes, sondern das Vermögen Andrer aufs Spiel setzen.

§ 6.

Eben so muß die Regierung bei ihrer Thätigkeit zur Beförderung des Nazionalwohlstandes darauf achten: ob eine von ihr getroffene Maasregel durch den Nachtheil, den sie im Ganzen bewirkt, nicht den Vortheil, den man im Einzelnen beabsichtigte, überwiegt? Dies ist die Folge der mehrsten staatswirthschaftlichen Operazionen zum Vortheil einzelner Gewerbe.

§ 7.

Es wird zuweilen eine große Menge Gegenstände vor das Forum der staatswirthschaftlichen Gesetzgebung gezogen, und es scheint der Glaube häufig zu seyn, daß es besser sei, hierin zu viel als zu wenig zu thun; aber die Regierung verliert durch zu vieles Befehlen:

1) an eigener Schätzung ihrer Anordnungen, indem für sie nichts leichter ist, als täglich ein neues Gesetz zu machen.

2) An der Achtung des Publikums gegen ihre Befehle, so daß es zum Sprichwort wird: daß die Befehle dieser oder jener Behörde nur einen Tag gelten.

3) An ihrer Würde und dem Zutrauen der Untergebenen zu ihrer Einsicht; da es nicht fehlen kann, daß ein neueres Gesetz andre Grundsätze aufstellt als ein älteres.

Wenn es dahin gekommen ist, dann kann nur die strengste Enthaltsamkeit im Gesetzgeben, oder ein staatswirthschaftliches Gesetzbuch als Grenzstein der neuen Gesetzgebung die Würde und Autorität der Regierung wieder herstellen.

— Die Schlesischen Gesetze, welche fast nur staatswirthschaftliche Gegenstände betreffen, enthalten von 1740 bis 1805. 28 starke Quartbände! —

§ 8.

Die Gegenstände, welche die staatswirthschaftliche Gesetzgebung umfaßt, als solche, die zu der Erhaltung und Vermehrung des Nazionaleinkommens und Nazionalvermögens theils rathsam, theils nöthig, theils unentbehrlich sind, können nur solche seyn: die von dem Privatinteresse einzelner oder mehrerer Staatsbürger nicht zu erwarten und doch für den Vortheil des Ganzen rathsam, nöthig und unentbehrlich sind.

§ 9.

Wenn die Regierung bei einem staatswirthschaftlichen Gesetz Ausnahmen nöthig findet, so müssen diese genau und für Jedermann deutlich angegeben werden. Es ist ein dem Zutrauen der Nazion zu der Rechtlichkeit ihrer Regierung schädlicher, der Willkür und der Korrupzion ihrer Beamten viel Spielraum gebender Ausweg: wenn die Regierung sich die Ausnahmen von dem Gesetz in einzelnen Fällen vorbehält.

§ 10.

Die Regierung darf bei ihrer Gesetzgebung nicht auf solche Motive rechnen: welche eine hohe moralische oder intellektuelle Bildung der Nazion in Anspruch nehmen, obgleich diese nicht übersehen werden dürfen; sondern sie muß, wenn sie ihre Gesetze beobachtet wissen will, diese mit dem wahren Interesse (dem verständigen Eigennutz) aller Staatsmitglieder in die möglich größte Uebereinstimmung zu bringen suchen.

§ 11.

Damit ein jeder Staatsbürger sein wahres Interesse kennen, und richtig beurtheilen lerne, bedarf er einer vernünftigen Erziehung und eines zweckmäßigen Unterrichts; hier wird die Regierung ohne Gefahr, dem Wohlstande der Nazion zu schaden, positive Beförderungsmittel anwenden können; da schlecht erzogene und schlecht unterrichtete Eltern selten die Nothwendigkeit dieses Bedürfnisses für ihre Kinder gehörig fühlen.

§ 12.

Ueberhaupt darf bei den Bemühungen: die Nazion dadurch wohlhabend zu machen, daß ein Jeder so viel als möglich mit Hervorbringung ökonomisch nützlicher Dinge beschäftigt werde, dem wichtigsten Zwecke: der Kultur und Aufklärung der Begriffe, der höhern geistigen und moralischen Bildung nicht entgegen gearbeitet werden; indem die Erlangung der ökonomischen und physischen Bedürfnisse zwar nothwendige Bedingung der Existenz und aller Bildung, aber nicht letzter Zweck der gesellschaftlichen Staatsvereine ist — und der Staatswirth daher den Nutzen dieses Vereins beschränken würde: wenn er, um einen ökonomischen Zweck zu erreichen, einen moralischen aufopfern wollte.

§ 13.

Das Steigen, Fallen, oder Stillstehen des absoluten Nazionalvermögens hängt von so vielen Ursachen ab, und ist auf einen kurzen Zeitraum so schwer durch Beobachtungen zu bestimmen: daß eine Regierung in ihren Operazionen, die sich auf dergleichen Beobachtungen gründen, leicht Fehlgriffe thun kann; die darum so schädlich sind, weil ihre Folgen erst nach langer Zeit, ja oft gar nicht fühlbar werden. Mit etwas mehr Sicherheit können zwar die Beobachtungen über die Veränderungen des relativen Vermögens einzelner Klassen und Stände angestellt werden; aber die Ursachen dieser Veränderungen liegen in den mehresten Fällen ausser dem Wirkungskreise der Regierung.

§ 14.

In einem Staate, der schon eine gewisse Zeit lang ein Sistem befolgt hat, welches die Thätigkeit und Kraftanwendung der Staatsbürger durch Gesetze, Einschrönkungen und Beförderungsmittel reguliren soll, werden die Kennzeichen des steigenden oder fallenden Wohlstandes noch schwieriger und trüglicher und die Verhältnisse der einzelnen erwerbenden Klassen werden so unnatürlich und verwickelt: daß die plötzliche Wiederherstellung der natürlichen Ordnung für viele Stände schädliche Folgen haben muß.

— Soll aber ein unnatürlicher Zustand deswegen für besser geachtet werden, als ein natürlicher? soll der Vortheil, daß die Nazion zu der möglich höchsten Stufe des Wohlstandes kommen kann, deswegen aufgegeben werden, weil einige temporelle Uebel damit verknüpft sind?

In der Nazional- und Staatsökonomie läßt sich darum so wenig mit Erfahrungen beweisen und widerlegen: weil diese Erfahrnngen so selten rein sind, und weil wir in den neuern kultivirten Staaten so wenig Fakta finden, die von allen willkürlichen Eingriffen in die natürliche Ordnung der Dinge verschont geblieben wären.

§ 15.

Die schädlichen und betrübenden Folgen der reglementarischen Staatsverwaltungssisteme werden

den dann erst für die Regierten und die Regierer ganz klar und deutlich werden, wenn sie mit Konsequenz auf den möglich höchsten Punkt gebracht werden; und die Realisirung der Idee von einem geschlossenen Handelsstaate in einem Lande würde wahrscheinlich diese wohlthätige Folge haben.

§ 16.

Das Sistem der Einschränkungen im Handel, der Aus- und Einfuhrverbote, der Befehle: was ein jeder arbeiten und nicht arbeiten, verkaufen, kaufen oder nicht verkaufen und kaufen soll, hat keine von der Wissenschaft bestimmte Grenzen und führt zur willkührlichen Despotie der höchsten wie der niedrigsten Staatsbeamten; es würde, wenn es konsequent durchgeführt werden sollte, einen ganzen Staat in ein einziges Zucht- und Arbeitshaus verwandeln.

— In allen Staaten, wo dieses Sistem mehr oder weniger galt, fühlten die Regierungen die Folgen der konsequenten Durchführung desselben und hielten hier früher dort später den Gang der Maschine auf, die sich selbst zu zerstören drohete; die Folge war häufig: ein Verwaltungssistem ohne innern Zusammenhang mit sich aufhebenden, durchkreuzenden und widersprechenden

Gesetzen, welche zuerst die Staatsbürger irre — dann gleichgültig gegen alle Gesetze der Regierung machten.

§ 17.

So wie die Gerechtigkeit in allen Unternehmungen und Handlungen der Regierung das oberste Prinzip seyn sollte, so muß sie es auch in ihren staatswirthschaftlichen Gesetzen und Einrichtungen seyn; sie muß durch Begünstigung eines Standes und eines Gewerbes nicht andere Stände und Gewerbe drücken und ihre Freiheit beschränken, indem sie dadurch nicht bloß das Zutrauen der Nazion verliert, sondern sogar, wie die Erfahrung gelehrt hat, das Gerechtigkeitsgefühl der Nazion selbst zerstört.

— In Frankreich supplizirten die Baumwollenweber: daß die Regierung ein neu entstandenes, ihnen, wie sie glaubten, schädliches Baumwollenzeuch verbieten sollte und schrieben über ihre Supplik: vox populi, vox dei!

— In Preußen supplizirten die Wollarbeiter bei der Regierung: daß sie die Veredlung der Schafzucht, welche einige Grundeigenthümer angefangen hatten, verbieten solle.

§ 18.

Es kann keine Einschränkung der bürgerlichen Freiheit und der Ausübung aller nach Gesetzen der Moral erlaubten Gewerbe von der Regierung für nöthig erachtet werden, als: in wiefern die Eigenthumsrechte Anderer, die allgemeine Sicherheit, die Gesundheit oder der Anstand der übrigen Einwohner gefährdet würde, wenn die Regierung nicht durch einschränkende Gesetze dagegen wirken wollte. In allen nach der Moral erlaubten Gewerben wird das Privatinteresse eines jeden Einzelnen durch das Privatinteresse aller Uebrigen hinreichend eingeschränkt, um üble Folgen für den Wohlstand des Ganzen zu verhindern.

— Ein jeder Verkäufer sucht so theuer als möglich zu verkaufen; ein jeder Käufer so wohlfeil als möglich zu kaufen; die Vereinigung aller bestimmt den Preis; wenn die Regierung aus Vorsicht für den Vortheil der Käufer und Verkäufer diesen Preis festsetzen will: so thut sie in den mehresten Fällen Schaden, indem sie entweder dem Käufer oder dem Verkäufer zu nahe tritt, und in allen übrigen Fällen: wenn sie zufällig den richtigen Preis trifft, ist ihre Bemühung unnütz; denn er entsteht ohne ihr Zuthun.

§ 19.

In einem Lande, wo die Freiheit der Menschen in der Wahl und Ausübung rechtlicher Erwerbszweige durch Reglements, Verordnungen, Aus- und Einfuhrverbote, Handelserschwerungen und Handelsbegünstigungen eingeschränkt wird: ist nicht Geschicklichkeit und Fleiß das sicherste Mittel zu Wohlstand zu gelangen, sondern es bildet sich ein schädliches und unnatürliches Gewerbe als das einträglichste, nemlich: die Kunst, die Regierung auf die geschickteste Art zu betrügen und ihre Einrichtungen ungestraft zu umgehen.

§ 20.

Wenn man die Staatsbürger in ökonomischer Hinsicht in Grundbesitzer, Kapitalbesitzer und Arbeiter eintheilt, so leuchtet das Bedürfniß der gegenseitigen Hülfe und Unterstützung ohne alles Zutreten der Regierung und ohne alle Gesetze derselben ein: der Grundbesitzer bedarf Arbeiter und eines Kapitals, um seinem Boden den möglich höchsten Ertrag abzugewinnen; der Arbeiter bedarf der Grundstücke und der Kapitale (rohe Materialien) zu seiner Arbeit und zu seinem Arbeitslohn; der Kapitalbesitzer darf sein Kapital nicht verzehren, und muß also dafür sorgen, daß es durch den Ertrag der Grundstücke und durch Arbeit immer wieder ersetzt werde.

— Das Interesse der besoldeten Klassen, die nicht zu den 3 obigen gehören, kann nur mit dem Interesse der Regierung selbst dahin gehen: daß die 3 obgenannten in ihren Bemühungen, ihren eignen Wohlstand zu vermehren, nicht beschränkt werden, da von diesem allein ihre Existenz und ihr (der Regierung) Wohlstand abhängt.

§ 21.

Verschiedene Staatswirthe und Lehrer der Staatswirthschaftswissenschaft legten einzelnen Menschenklassen einen größeren Werth für die Erhaltung und Vermehrung des Nazionaleinkommens und Nazionalvermögens bei, als anderen und begründeten hierauf eine Pflicht des Staats: einzelne Klassen vor andern zu begünstigen; wenn aber eine Regierung bei dieser Beurtheilung des Werthes menschlicher Gewerbe und menschlicher Thätigkeit einen andern als den moralischen Unterschied zum Grunde legt, so verwickelt sie sich in unauflösliche Schwierigkeiten und in Widersprüche.

— Ein Taschenspieler ist unstreitig für den Wohlstand des Staats weniger nützlich, als ein Tonkünstler; aber der Unterschied zwischen beiden liegt nur in dem moralischen Einfluß beider auf die Nazion.

§ 22.

Aus dieser Klassifikazion entstand die Eintheilung der Arbeit in produktive und unproduktive; und selbst die Menschen wurden produktiv oder unproduktiv genannt, je nachdem der Erfolg ihrer Arbeit den Sinnen bemerkbar wurde. Wenn das Wort produziren im strengen Sinne genommen wird, so ist keine Arbeit und kein Mensch in der Welt, sondern nur die Erde produktiv zu nennen; wenn aber dieses Wort in seiner weitern Bedeutung genommen wird, so findet zwischen der Produkzion aller arbeitenden Menschen kein ökonomischer, sondern nur ein moralischer Unterschied statt.

— So kann ein Gelehrter, der nie ein ökonomisches oder wirthschaftliches Gewerbe betrieb, oder ein redlicher und verständiger Staatsbeamter für die Produkzion zuweilen nützlicher wirken, als ein praktischer Landwirth, der ein großes Territorium kultivirt, oder ein betriebsamer Fabrikant.

— Inkonsequenz des Sistems, das den Fabrikanten für produktiv und den Schuhputzer für unproduktiv erklärt. —

§ 23.

Wenn die Regierung nach so falschen Ansichten vom ökonomischen Werthe einzelner Menschenklassen einige Gewerbe mehr als andere begünstiget; so stört sie in der Regel den vortheilhaftesten Gang einer Nazion zu immer steigendem Wohlstande. Wenn bei einer Nazion, die nach dem natürlichen Gange der Gewerbe ihre Kapitale und ihre Kräfte auf die gemeinsten Produkzionen, auf Landwirthschaft und nothwendige Handwerke verwendet hätte — durch die Regierung Fabriken für Prachtaufwand angelegt und befördert werden; so wird die Nazion im möglichen Wachsthum ihres Wohlstandes zurückgehalten.

§ 24.

Bei einem solchen Verfahren wird Ursach und Wirkung mit einander verwechselt; wenn nemlich in einer Nazion auf dem natürlichen Wege und ohne Eingreifen der Staatsgewalt Fabriken für den höhern Aufwand und andere Anstalten für die Annehmlichkeit des Lebens entstehen, so ist dies in vielen Fällen ein Zeichen: daß der Wohlstand gestiegen ist. Diese Anstalten sind dann nicht Ursach des steigenden, sondern sie sind Wirkung des gestiegenen Wohlstandes.

— Ursach und Wirkung wird in der Nazionalökonomie darum so oft verwechselt, weil beide gleichzeitig neben einander bestehen.

§ 25.

Man hat oft durch Gesetze und Einrichtungen in staatswirthschaftlicher Beziehung den Luxus vermindern, oft ihn befördern wollen und hat sich häufig über nützlichen und schädlichen Luxus gestritten; aber der Gegenstand selbst gehört nicht vor das Forum der Staatswirthschaft, sondern vor das der Moral; die Rechtlichkeit des Luxus ist nur einer subjektiven Beurtheilung fähig; die Schädlichkeit oder der Nutzen desselben für den Staat ist zwar einer objektiven Ansicht fähig, aber eben so wie die Frömmigkeit der Staatsbürger ein Gegenstand, dessen erste Quellen nur (unverhältnißmäßige Vertheilung des Nazionalvermögens, manche alte Stiftungen ꝛc.) einer Disposizion der Regierung ohne Schaden überlassen seyn können.

— Die verschiedenen Definizionen des Begriffs Luxus — Aufwand, um mit dem

Genuß Annehmlichkeit zu verbinden; Aufwand um der Ostentazion willen, Prachtaufwand ꝛc. entsprechen nicht den vielen Bedeutungen, welche wir dem Worte geben, das nothwendig in mehrere Begriffe gespalten werden muß, und durch dessen Aufnahme unsere Sprache nichts gewonnen zu haben scheint.

§ 26.

Ein jeder Staat enthält eine hier größere dort geringere Zahl theils natürlicher, theils künstlich gemachter Hindernisse, welche der Vermehrung des Nazionaleinkommens und Nazionalvermögens entgegenstehen, und hier hat die Regierung ihren nützlichen Wirkungskreis; aber eben so wie der gewöhnliche Mensch lieber etwas verschenkt, als daß er seine Schulden bezahlt, und sich viel darauf zu Gute thut, das Glück eines Menschen gemacht zu haben, wenn er auch gleich dadurch vielleicht das Glück vieler andern störte oder verminderte — so hat manche Regierung lieber die Freiheit der Gewerbe im Ganzen gestört, um einige auf dem von ihr gut gefundenen Wege zu hohem Wohlstande zu führen.

B.

In Beziehung auf besondere Gegenstände.

I.

Bevölkerung.

§ 27.

Alle Gegenstände, welche die Erde liefert, oder welche die Kraft der Natur hervorbringt, werden erst dadurch Güter, daß sie Gebrauchswerth erhalten, so wie sie Schätze und Reichthümer werden, wenn sie gegenseitig vertauscht werden können, oder Tauschwerth erhalten; dies kann nur dann geschehen, wenn sie von Menschen benutzt und zum Bedürfniß derselben brauchbar gemacht werden.

— Alle Metalle, Steinkohlen rc., die unter der Erde liegen, werden nur dann erst Güter und Schätze, wenn sie von Menschen herausgeholt, zum Gebrauch geschickt gemacht worden sind, und gegen andere Güter vertauscht werden können.

§ 28.

In so fern nun die Menschen den Geschenken der Natur die Eigenschaft der Güter und Schätze geben, in so fern wird auch bei übrigens gleichen Umständen das Vermögen einer der Zahl nach größern Nazion größer seyn, als das Vermögen einer der Zahl nach kleinern Nazion, dies ist der Grund, warum die mehresten Regierungen sich bemühen, die Menschenzahl zu vergrößern, oder wenigstens sich freuen, wenn sie diese Zahl zunehmen sehen.

§ 29.

Das Vermögen einer Nazion im Ganzen kann größer seyn, als das einer andern Nazion, ohnerachtet die letztere in der That reicher genannt zu werden verdient, als die erstere.

— Absolutes und relatives Vermögen. Eine Nazion von 5 Millionen Menschen mit 300 Millionen jährlichem Einkommen ist relativ reicher, als eine von 10 Millionen Menschen mit 500 Millionen jährlichem Einkommen.

§ 30.

Da der Mensch, ehe er in den Stand kommt, sich selbst Einkommen und Vermögen zu verschaffen, und dadurch das absolute und relative Einkommen und Vermögen der Nazion zu vermehren, einen gewissen Zeitraum hindurch von dem schon vorhandenen Vermögen der Nazion erhalten werden muß, so folgt:

1) Daß eine wohlhabende und vermögende Nazion an der Zahl eher zunehmen muß, als eine ärmere.

2) Daß es von der Quantität der in einem Lande vorhandenen Grund- und Mobiliarkapitale abhängt, ob eine Nazion sich entweder mit zunehmendem oder mit stillstehendem, oder mit abnehmendem Vermögen der Menschenzahl nach komplettiren oder vermehren kann.

Die Vergrößerung der Menschenmenge ist also sowohl eine Ursach als eine Folge des Vermögens und Reichthums; aber es muß nothwendig erst Vermögen (Vorrath, Kapital) vorhanden seyn, ehe die Menschen fähig werden, dieses vorhandene Vermögen zu vermehren.

§ 31.

Da die Regierungen von dem absoluten und dem relativen Nazional-Vermögen so wenig bestimmte Kenntniß haben, so geschehen bei den Bemühungen derselben, die Bevölkerung zu vermehren, so leicht Mißgriffe; indem sie von dem natürlichen Verhältniß abweichen und das Vermögen der Nazion vermindern, um eine größere

Menschenmenge hervorzubringen, als entstanden seyn würde, wenn man diese Sorge den einzelnen Gliedern der Nazion selbst überlassen hätte.

§ 32.

In den mehresten Fällen wurden die Regierungen zu künstlichen Mitteln, um die Volkszahl zu vermehren, durch die Aussicht bewogen: daß die persönlichen und Konsumzionssteuern bei einer größern Volkszahl größer seyn würden, als bei einer geringern; sie betrachteten die Menschen mehr als Produkzionsmaschinen und als Mittel zu irgend einem Staatszweck, denn als freie, selbstständige Wesen, deren möglich größter ökonomischer und moralischer, physischer und intellektueller Wohlstand der höchste Zweck eines jeden gesellschaftlichen Vereins seyn muß.

— Die falsche Ansicht der Steuerfähigkeit der Menschen als solche, siehe im zweiten Kapitel.

§ 33.

Da die Bemühungen der Regierungen, die Volkszahl zu vermehren, in der Regel nur eine oder einige Klassen derselben treffen, oder wenn sie sich auf alle Klassen verbreiten, dennoch so leicht das richtige Quantitativverhältniß unter diesen Klassen verfehlen, so entsteht das Uebel: daß der Tauschwerth der Produkte und Arbeiten sein gegenseitigen Wohlstand erzeugendes und vermehrendes Verhältniß verliert; so daß die über das natürliche Verhältniß vermehrte Klasse durch die Verminderung des Tauschwerths ihrer Produkte und Arbeiten verarmt, und durch die neuen Bemühungen der Regierung, ihre Verarmung aufzuhalten oder zu vermindern, auch die übrigen Stände zum Verarmen bringt.

— Wenn die Regierung, um der überhäuften Menge von Fabrikarbeitern wohlfeile Lebensmittel zu verschaffen, die Produzenten der letztern bedrückt.

§ 34.

Die Mittel, welche die Regierungen gewöhnlich angewendet haben, um die Bevölkerung zu vermehren, sind folgende:

a) Es wurden fremde Kolonisten aufgefordert, um sich im Lande zu etabliren. Dieses Verfahren zieht häufig Unbilligkeit und Ungerechtigkeit gegen die Inländer, Unzufriedenheit derselben mit der Regierung ihres Vaterlandes, Verminderung der Nazionalität und Vaterlandsliebe nach sich; das Land wird oft mit faulen, unordentlichen und verarmten Menschen belästiget und das Nazionalvermögen dadurch vermindert: daß große Kapitale, die der Nazion gehören und zu ihrem Vortheil hätten verwendet werden können und sollen, konsumirt werden, ohne verhältnißmäßige Zinsen zu tragen, oder das Nazionaleinkommen zu vermehren. Wenn man von fremden Kolonisten die Bildung der Inländer erwartete, und vielleicht auch hier und dort erreichte, so ist die Frage wohl aufzuwerfen: ob nicht durch zweckmäßige Bildungsanstalten die Nazion aus sich selbst mit größerem Vortheil und weniger Gefahr diese Bildung erreicht hätte, wenn man nur einen Theil des Aufwandes, den die fremden Kolonisten verursachten, für diese Anstalten bestimmte?

§ 35.

b) Verschiedene Regierungen beförderten das Heiraten durch Prämien, durch Ausstattung einer gewissen Zahl junger Personen ꝛc. und suchten so die Vermehrung der Nazion zu befördern. Die Mißlichkeit dieses Hülfsmittels hat die Erfahrung oft genug gelehrt; indem häufig eben da, wo man durch künstliche Mittel die Erzeugung neuer Menschen betrieb, viele ohne Prämie erzeugte Kinder aus Mangel an Unterhalt und nöthiger Pflege umkamen.

— Beides steht oft im genauen Zusammenhange; indem die Erwerbsmittel der Menschen, die sich durch eigne Thätigkeit und Sparsamkeit erhielten, vermindert wurden, wenn andere durch Unterstützung fremder Fonds mit ihnen in Konkurrenz traten. Heiratskassen, die gefährlichsten Bevölkerungsmittel!

§ 36.

c) Auch durch Zertheilung größerer Grundstücke in mehre kleinere suchte man die Bevölkerung zu vermehren; es wurde hier aber selten beachtet:

1) daß dergleichen Zertheilungen die Produkzion überhaupt vermehren müssen, wenn sie nicht schädlich werden sollen, und zwar in dem Verhältniß, als nun eine größere Menschenzahl von einem begränzten Grundstück ihren Unterhalt ziehen will, als vorher.

2) Daß nur der reine Ertrag der Grundstücke als disponibles Vermögen den relativen Wohlstand befördern kann, und

daß

daß auf diesem Wege zwar das absolute Vermögen einer Nazion vermehrt, aber deren relatives Vermögen vermindert werden kann. (§ 29.)

§ 37.

d) Wenn die Regierungen auf eigene Kosten gewisse Gewerbe betreiben, die keinen reinen Ertrag bringen, sondern bloß die aufgewendeten Kosten wieder erstatten: um eine gewisse Anzahl Menschen mehr zu erhalten (z. B. Bergwerke); so ist dies ein Rechnungsfehler, der unmittelbar dem Vermögen der Nazion und dann mittelbar der Bevölkerung selbst schadet. Die Kapitale, welche auf dergleichen Arbeiten gewendet werden, würden — zu Gewerben angelegt, die reinen Ertrag bringen — einer größern Menschenzahl Beschäftigung und Unterhalt geben, als da sie zu einem unfruchtbaren Gewerbe angelegt worden sind.

§ 38.

e) Wenn eine Regierung durch Gesetze gegen Auswanderung die vorhandene Menschenzahl zu erhalten sucht, so ist das in so vielen Fällen Ungerechtigkeit gegen Einzelne, die ihre

Lage verbessern können: daß entweder diese Gesetze bald wieder aufgehoben, mit vielen Klauseln eingeschränkt, oder häufig übertreten worden sind; da überdem die Regierungen nicht Mittel genug haben, dergleichen Gesetze gehörig zu kontrolliren. Wenn eine Regierung nicht anständigere und ihrer Würde angemessenere Mittel hat, ihre Bürger an das Vaterland zu binden — so wird überhaupt ein solches Gesetz mehr das Gegentheil von dem bewirken, was die Regierung beabsichtet.

§ 39.

f) Mittelbar suchte man dadurch die Menschen, welche Vermögen besitzen, im Lande zu erhalten, daß man eine gewisse Geldstrafe auf die Auswanderung setzte (Abzugsgeld); Wenn man dies aber nicht als ein bequemes Mittel, die Einkünfte der Regierung zu vermehren betrachtet, so wird der Staat, der diese Abgabe nicht fordert, hierin ein Beförderungsmittel für seine Bevölkerung finden; da schon die Idee der Freiheit: sich ohne Aufopferung einen beliebigen Wohnplatz wählen zu können, vermögende Menschen einem Lande zuführen kann, in dem sie diese Freiheit finden.

§ 40.

In den mehresten Staaten bestehn neben dergleichen positiven Beförderungsmitteln der Regierung nach mancherlei Einrichtungen und Verfassungen, welche die mögliche Vergrößerung der Volkszahl auf natürlichem Wege hindern; z. B. Gesetze, welche ganzen Ständen die Ehe verbieten; welche die vortheilhafte Zertheilung großer Grundstücke, das Kaufen und Verkaufen, Verpachten und Verschulden der Grundstücke erschweren und verhindern; welche die Vervollkommnung und Ausbreitung bürgerlicher Gewerbe durch Innungsverfassung 2c. erschweren; welche den möglichen Ertrag des Bodens zurückhalten und dadurch das beste Mittel, durch größere Produkzion die Volkszahl zu vermehren, selbst unterdrücken.

§ 41.

Der Trieb der Menschen zur Vermehrung ihrer Gattung ist an sich stark genug, so daß er keiner Prämien und künstlicher Beförderungsmittel bedarf; aber die unerläßliche Pflicht einer jeden Regierung ist: auf rechtlichem Wege die unnatürlichen Hindernisse wegzuschaffen, die diesen

Trieb zur Erhaltung und Vermehrung des Menschengeschlechts einschränken. Dann wird die Ausübung allgemeiner Gerechtigkeit gegen den Einzelnen und gegen alle Stände im Staate, neben richtiger und billiger Vertheilung der nötigen Abgaben und Lasten das kräftigste Mittel seyn: die Bevölkerung zu der möglich höchsten Stufe zu bringen, welche dem Vermögen und dem Wohlstande des Landes angemessen ist, ohne dessen Kräfte zu übersteigen.

II.

Grund und Boden, dessen Vertheilung und Kultur.

§ 42.

Wenn in einem Lande Wohlstand entstehen und zunehmen soll, so muß nicht bloß ein Jeder in dem Besitz der ihm eigenthümlich gehörenden Grundstücke gesichert seyn, sondern es muß auch ein Jeder nach seinem Belieben Grundstücke erwerben können. Die Ungleichheit der auf den Grundstücken liegenden Rechte und Privilegien, Steuern und Verpflichtungen, welche in vielen Ländern stattfindet, hat die Regierungen derselben oft vermocht: den Erwerb und Besitz einer gewissen Klasse von Gütern nur einem gewissen Stande zu gestatten, und andere Stände gesetzlich davon auszuschließen.

§ 43.

Die Gründe, welche die Regieruugen zu solchen einschränkenden Gesetzen bewogen, lagen — in so fern sie Aufmerksamkeit verdienen — in der Besorgniß: daß Personen aus den sogenannten niedern Ständen mit großem Vermögen nicht in Verhältnisse kommen sollten, wo sie durch einen Kauf Rechte über andere Menschen erhalten, die gemißbraucht werden können, z. B. Gerichtsbarkeit, Zwangsdienste, Erbunterthänigkeit rc. Da aber dergleichen Rechte nach den Lehren der Staatswirthschaft keinem Staatsbürger über Andere zukommen sollten; so haben die Regierungen hier nur durch ein neues Uebel ein älteres unschädlicher zu machen gesucht, welches aufzuheben sie aus Gründen, die der Staatsökonomie fremd sind, nicht rathsam fanden.

§ 44.

Ja die Regierungen sind noch weiter gegangen und haben alle Grundstücke nach den Ständen klassifizirt: so daß ein Bauer und Bürger kein adliches, ein Bürger und Adlicher kein bäuerliches, ein Adlicher und ein Bauer kein bürgerliches Gut kaufen und besitzen darf; oder daß zu allen dergleichen Erwerbungen erst auf langen mit Kosten verbundenen Umwegen, die Erlaubniß von den Regierungsbehörden eingeholt werden muß.

§ 45.

Solche Einschränkungen haben ausser dem schädlichen moralischen Einfluß auf den Gemeinsinn und Patriotismus, die unausbleibliche Folge, daß alle Grundstücke an Kaufpreis und dadurch an wirklichem Werth verlieren, indem die Konkurrenz der Käufer überall vermindert wird.

— Die gesetzliche Trennung der Stände bewirkt auf ganz natürlichem Wege auch bürgerliche Trennung, erweckt gegenseitige Eifersucht, Schadenfreude und Haß unter den Bürgern eines Staats. In die Augen fallende Beispiele gaben uns Nazionen in einer großen politischen Krisis.

§ 46.

Die Produkzion der unter solchem Zwange stehenden Grundstücke wird nicht bloß durch diese Verminderung ihres Kaufpreises und Werths, sondern auch dadurch verringert: daß in solchen Ländern unbegüterte Personen oft große Grundstücke besitzen und reiche von dem Besitz großer

Güter ausgeschlossene Personen müßig ihr Vermögen auf Zinsen leihen, oder es auf andere für den Nazionalwohlstand weniger einträgliche Gewerbe wenden, da sie es vortheilhafter für die Kultur des Landes auf eignen Besitzungen anlegen würden, wenn sie dürften.

§ 47.

Wenn man es für die Nazion vortheilhaft hält, daß ein jeder gezwungen ist, in dem Stande und der Erwerbsart immer zu bleiben, in welchen er geboren wurde, so setzt man zum voraus:

1) daß die zur Zeit bestehende Lage der Nazion in ihren gegenseitigen Verhältnissen die möglich vollkommenste sey.

2) Daß Thätigkeitstrieb, Talente und Vermögen eben so erblich seyn werden, als der bürgerliche Stand der Staatsbewohner.

— Die in vielen Ländern durch Gesetze aufrecht erhaltene Größe, Zahl und Verfassung der bäuerlichen und andrer dergleichen Güter paßt nicht mehr für den jetzigen Stand der Landwirthschaftswissenschaft, da diese Einrichtung in sonstigen Zeiten vielleicht die zweckmäßigste war, Grund und Boden gehörig zu benutzen.

§ 48.

Eben so schädlich auf den Wohlstand der Nazion und dessen Vermehrung wirken die Gesetze, welche die zu einer gewissen Zeit vorhandenen Grundstücke für geschloßen erklären und nicht erlauben, daß ein Theil davon getrennt werde. Die Regierungen haben dadurch den Wohlstand und das geerbte Eigenthum der zur Zeit ansäßig gewesenen Familien für immer zu sichern gesucht, aber in Hinsicht auf den Wohlstand eben dadurch oft das Gegentheil bewirkt.

§ 49.

Da die Kultur der Grundstücke Auslagen erfordert und die Erhöhung dieser Kultur disponibles Vermögen voraussetzt, so folgt daraus: daß die Grundstücke am besten kultivirt seyn werden, deren Besitzer über ein dem Grundstück angemessenes Kapital disponiren können. Da nun die Regierung dieses Verhältniß nicht durch Gesetze bewirken kann, so muß sie es der Einsicht und der Berechnung eines Jeden überlassen, sein Grundeigenthum mit seinem disponibeln Vermögen in das vortheilhafteste Verhältniß zu setzen.

§ 50.

Auf der andern Seite gingen die Regierungen

zu weit, wenn sie die Zertheilung der Grundstücke befahlen, oder durch Prämien und andre künstliche Mittel zu befördern suchten; im ersten Falle können Grundstücke von einander getrennt werden, die in Vereinigung einen höhern Ertrag gegeben hätten, oder einer höheen Kultur mit geringerem Aufwande fähig gewesen wären; im zweiten Falle können dergleichen Theilungen zum wirklichen Schaden der Landwirthschaft und bloß um der Prämie oder andrer damit verbundenen Vortheile willen gemacht werden.

— Im Preußischen bewirkten dergleichen Theilungen eine Zeitlang Befreiungen vom Militärzwange.

§ 51.

Da nur dann ein Grundstück zum möglich höchsten Ertrage gebracht werden kann, wenn dem Besitzer die völlig freie und durch keinen Nachbar, keine Gemeinheitsrechte oder Servitute eingeschränkte Benutzung seines Eigenthums zusteht; so wird die Regierung kräftig zur Vermehrung der Produkzion wirken, wenn sie alle Hindernisse der genannten Art aus dem Wege zu räumen sucht.

§ 52.

Das natürlichste Mittel, Servitute und andere schädliche Belästigungen des Grundeigenthums auf eine gerechte Art abzuschaffen, ist Freiheit der gegenseitigen Kontrakte und des Kaufs und Verkaufs. Wenn die Regierungen auch hier durch positive Bestimmungen und Gesetze wirken wollen, so machen sie den neuen Zustand, durch Zerstückelung der Gemeinheitsplätze rc. oft unnatürlicher, als er vorher war; die überall gefundenen und laut beklagten Schwierigkeiten gegen die Gemeinheitstheilungen und Auseinandersetzungen werden verschwinden: wenn den Grundherrschaften mit ihren Untersassen, den Gemeinen unter sich selbst und mit andern Freiheit im Kauf und Verkauf, bloß unter gerichtlicher Aufsicht und Bestätigung gelassen wird.

§ 53.

Die für einen jeden kultivirten Staat nothwendige, ihren Zweck — das Eigenthum und den Wohlstand der Nazion zu sichern — niemals verfehlende Einrichtung, ist eine vollkommene und pünktliche Hypothekenverfassung. Sie vermindert die Zahl der Prozesse und Streitigkeiten über das Eigenthum augenscheinlich; sie entscheidet schnell ohne willkührliche Auslegung eines Gesetzes viele entstandene Streitigkeiten durch historische von einem Jeden als unwiderlegbar anerkannte Nachweisungen und erspart der Nazion — ausser dem großen Aufwande für so viele fortwährend entstehende Streitigkeiten, Untersuchungen und Entscheidungen — unvermeidliche Ungerechtigkeiten und theils gegründete, theils ungegründete Klagen über Partheilichkeit und Ungerechtigkeit der Richter und der Regierung.

§ 54.

Wenn man befürchtet, daß Freiheit im Besitz, im Kauf und Verkauf der Grundstücke, so wie in Gewerben und im Handel, für Länder die von der Natur nicht günstig ausgestattet sind, darum schädlich seyn könnte: weil ein Jeder sich nach einem einträglichern und fruchtbarern Boden sehnen würde, so vergißt man in Anschlag zu bringen:

1) daß der Mensch bei der ihm zugestandenen Freiheit im Erwerben und im Genießen Arbeit nicht scheuet und sich an Thätigkeit gewöhnt (man betrachte verschiedene unfruchtbare Gebirgsgegenden.)

2) Daß Anhänglichkeit an Familienverbindungen, an vaterländischen Boden, Sprache, Gewohnheiten ꝛc. die entfernt liegenden und

schon dadurch ungewisser gemachten Aussichten auf größern Erwerb in einer andern Erdgegend gewiß überwinden; wenn nicht willkührlicher Druck im Vaterlande ihnen entgegen wirkt.

3) Daß ein Staat, der ein solches Sistem der bürgerlichen Freiheit einführt, schon darum aus andern Ländern, wo diese beschränkt ist, viele Bürger erhalten wird, die ihr Vermögen und ihre Talente hier besser anzulegen hoffen und auch besser anlegen werden, als dort.

— Verschiedene nördliche und von der Natur nicht sehr gesegnete Länder Europens geben durch ihre Bevölkerung merkwürdige Beweise.

§ 55.

Die Frage: welches das für Produkzion und Nazionalwohlstand vortheilhafteste Maaß der Grundstücke sei, die zu einem Landgute gehören? kann nicht durch allgemeine Regeln entschieden werden; indem nicht bloß die Qualität der Grundstücke, sondern auch die der Grundbesitzer, deren Vermögen und Talente, der Anbau der verschiedenen Pflanzen selbst, die Nähe oder Entfernung großer Marktplätze, schiffbarer oder gefährlicher

Ströme und andere sehr spezielle Gegenstände bei der Beantwortung in Anschlag gebracht werden müssen. Da nun die Regierung nicht in jedem einzelnen Falle dies Verhältniß entscheiden kann, so wird sie das Wohl des Landes am besten wahrnehmen, wenn sie die Entscheidung den einzelnen Konkurrenten überläßt. Auch wird die Besorgniß, daß bei der Freiheit der Konkurrenz überall nur große oder nur kleine Besitzungen entstehen würden, aus denselben Gründen unnöthig seyn.

§ 56.

Ob es rathsam ist: in Hinsicht auf die Größe des in einer Person oder einer Familie vereinigten Grundeigenthums ein Maximum festzusetzen, kann nicht im Allgemeinen bestimmt werden: da so viele mit der Staatsverfassung und selbst mit dem Nazionalcharakter in Verbindung stehende Gegenstände hierbei in Anschlag gebracht werden müssen; indessen ist es gewiß: daß in einem Lande, wo kein Stand vor dem andern durch willkührliche Gesetze begünstiget und kein Grundstück vom Staate für untheilbar erklärt ist, ein Gesetz über das Maximum des Grundbesitzes ganz unnöthig seyn wird, da dort eine schädliche Zusammenhäufung desselben gar nicht zu erwarten ist. Gesetze, welche das Minimum im Grundeigenthum bestimmen, sind überall unnöthig und oft schädlich.

— Wenn Fideikommisse, Majorate, Seniorate rc. die auf Grundstücken ruhen, gar nicht, oder nur bis zu einem gewissen Punkte gestattet werden, so hat die Regierung nicht zu fürchten, daß ein durch seine Größe schädliches Grundeigenthum in die Hände einer Person komme.

§ 57.

Wenn die Regierung glaubt, zum Wohl des Ganzen die Rechte der Grundeigenthümer einschränken zu müssen, in so fern diese über den Besitz ihrer Grundstücke nach ihrem Tode disponiren, so ist zu bedenken: daß jede Einschränkung der Dispozion über ein erworbenes Gut den wichtigsten Bewegungsgrund zum Erwerben, und also Fleiß und Thätigkeit stört Ihre Vorsicht hierin sollte nur auf die rechtliche und moralische Seite solcher testamentarischen Bestimmungen gerichtet seyn.

— Anwendung auf Fideikommisse, Majorate und andere Familienstiftungen.

§ 58.

Da die Anwendung der Kapitale auf Grund und Boden in einem jeden Lande die sicherste und vortheilhafteste Anwendung derselben ist, indem

1) die durch Fleiß und Sparsamkeit gesammelten Schätze ein bisher wenig oder gar nicht nutzbar gewesenes Grundstück zu einem eben so hohem Ertrage bringen können, als ein von Natur fruchtbares;
2) Die in den Boden verwendeten Kapitale ewige Zinsen tragen und bei fortdauernder regelmäßiger Kultur durch weit weniger Unglücksfälle zerstört oder vermindert werden können, als alle auf andere Art angewendete Kapitale;
3) Diese Kapitale so unzertrennlich mit dem Boden und also mit dem Nazionalvermögen verbunden werden, daß sie eben so wenig aus dem Lande transportirt werden können, als die Grundstücke selbst;

so wird die Regierung dieser Anwendung der Kapitale kein Hinderniß in den Weg legen dürfen.

§ 59.

Wenn sie auf der andern Seite zu weit geht, und die Anwendung der Kapitale auf Grund und Boden durch Gesetze, Prämien oder andere positive Beförderungsmittel vermehren will, so kann sie leicht dahin wirken: daß zum Schaden der übrigen nöthigen Gewerbe, oder durch Rückwirkung, zum Schaden der Produkzion selbst, das richtige Verhältniß zwischen der Produkzion und dem möglichen Absatz der Produkte überschritten wird.

— Aus den einseitigen Ansichten von dem Einfluß einzelner Gewerbe auf den Nazionalwohlstand entsprangen die sogenannten Staatsverwaltungs*sisteme*: das Agrikultursistem, das Manufaktursistem, das Merkantilsistem. Einige Schriftsteller, die zum *Theil* das einseitige solcher Sisteme fühlen, riethen zu einem auf Ackerbau gegründeten Manufaktursistem, andere gar zu einem auf Manufakturen gegründeten Agrikultursistem.

§ 60.

Einem jeden Grundbesitzer muß erlaubt seyn: sein Grundstück zu dem *für ihn* möglich höchsten Ertrage zu benutzen; und die Regierung wird nicht bloß dem Wohlstande dieses Grundbesitzers, sondern dem Nazionalwohlstande schaden, wenn sie ihn in dieser Freiheit beschränkt. Ein jeder Grundbesitzer, der seinen Vortheil kennt, wird sein

Grund=

Grundstück zu Erzeugung solcher Produkte anwenden, die am mehrsten gesucht und am besten bezahlt werden; in so fern nun beide Erscheinungen die unverdächtigsten Kennzeichen für die Nothwendigkeit und den Nutzen eines Produkts für eine Nazion sind: so stimmt dieses Bestreben der Grundbesitzer mit dem Bestreben der Regierung, den Wohlstand der Nazion zu befördern, genau überein.

§ 61.

Wenn ein Grundbesitzer sein Grundstück zu auffallend schlechtem Ertrage oder gar nicht benutzt, so daß die Regierung für den Nazionalwohlstand Schaden davon befürchtet: so wird ein Gesetz, welches ihn zwingen soll, dasselbe überhaupt, oder zu höherem Ertrage zu benutzen, ein sehr unwirksames Mittel seyn. Wenn viele Grundstücke in einem Lande unkultivirt liegen, oder zu einer schlechten Nutzung angewendet werden, so hat dies tiefer liegende Ursachen, die durch ein solches Gesetz nicht weggeräumt werden können; die Regierung wird diese aufsuchen und gegen sie ihre Maasregel nehmen müssen, um die Folgen zu verhindern.

— Gemeinheitsbeschränkungen, Naturaldienste,

Hütungsservitute, Mangel an Eigenthum, Einschränkungen beim Verkauf rc.

III.

Rechte einzelner Klassen der Staatsbürger über andere Klassen.

§ 62.

Da in ältern Zeiten eben so wohl als in neuern die Regierungen einem Stande der Nazion in politischer und in ökonomischer Hinsicht mehr Werth beilegten, als dem andern; so ist in den mehresten Staaten ein Uebergewicht einzelner Klassen gegen die übrigen entstanden, welches da noch strenger auf der einen und drückender auf der andern Seite ist, wo die begünstigten Stände durch Reichthum, Macht, und Korporazionsgeist die ihnen einmal zugestandenen Vorzüge gegen Andre, und selbst gegen die Regierungen zu behaupten und durchzusetzen wußten. Vorzüglich wichtig in Hinsicht auf den möglichen Wohlstand des Staats sind dergleichen Rechte in den Händen der größern Grundbesitzer über die bäuerlichen Stände, als den in vielen Ländern zahlreichsten Theil der Nazion.

§ 63.

Es ist zwar wohl überall zu beweisen: daß diese Rechte der großen Grundbesitzer, welche von unbezahlten Diensten bis zur Erbunterthänigkeit, Leibeigenschaft und Sklaverei gingen, nicht von freiwilligen Kontrakten der herrschenden und der leidenden Klassen, sondern von dem politischen und ökonomischen Uebergewicht der erstern herzuleiten sind; indessen nimmt die staatswirthschaftliche Gesetzgebung auf diese Deduktionen nicht Rücksicht und betrachtet den Besitzstand bis zu einer gewissen Grenze der als unveräusserlich zu betrachtenden Menschenrechte, als durch Verjährung rechtlich geworden, und gewiß im Allgemeinen zur Wohlfahrt des Ganzen; sie hat nur darauf Rücksicht zu nehmen, daß diese Rechte dem Hauptzweck des Staats: dem möglich höchsten Wohlstande aller Staatsglieder nicht entgegenwirken oder ihn vereiteln.

§ 64.

Die Regierungen haben, um dem übeln Einfluß solcher Rechte einzelner Stände über andre entgegenzuwirken, sehr verschiedene Wege eingeschlagen, und es können überhaupt bei diesem Gegenstande allgemeine Regeln nur bis zu einer gewissen Grenze festgesetzt werden; indem der Zustand der Menschen und der Gewerbe in einem Staate weiter zu gehen und mehr zu thun erlaubt und gebietet, als in einem andern.

§ 65.

Wenn in einem Lande, wo schon mannigfaltige Gewerbe sich finden, Sklaverei und Leibeigenschaft als dem höchsten Staatszweck ganz entgegen, durch Gesetze völlig abgeschafft und die Eigenthumsrechte der niedern Stände an den von ihnen kultivirten Boden gesetzlich bestimmt sind; so werden auch von dem Punkte an, Gesetze, welche die Grundherrschaften zwingen sollen: ihren erbunterthänigen Untersassen unbezahlte Dienste, Naturallieferungen, und andre lästige Servitute zu erlassen, weniger für den Nazionalwohlstand wirken, als die einem Jeden zugestandene Erlaubniß: mit dem, der irgend einen Rechtsanspruch an ihn zu machen hat, und mit dem, an den er einen solchen zu machen hat, beliebig zu kontrahiren; wobei sich die Regierung, wie in allen ähnlichen Fällen, die Einsicht und Bestätigung dieser Kontrakte vorbehält. Dann werden keine Rechte gekränkt; der Grundeigenthümer wird auf den möglich höchsten Ertrag seines Bodens, der vorher Erbunterthänige auf die für ihn vortheilhaftesten Bedingungen, und die Regierung auf die Gerechtigkeit der Kontrakte Rücksicht nehmen.

§ 66.

Die Regierung wird aber nicht allein das Recht, sondern auch die Pflicht haben: die Bedingungen vorzuschreiben, unter denen überhaupt dergleichen Kontrakte ihre Bestätigung erhalten können, und diese Bedingungen werden durch den höchsten Zweck des Staatsvereins bestimmt und begrenzt. Sie kann und soll daher nach den im Lande vorhandenen Verhältnissen festsetzen:

1) daß bei solchen Kontrakten alle Gemeinheit von Grundstücken und alle Kultur im Gemenge vermieden und aufgehoben wird.

2) Daß alle mittelbare Abgaben, welche die Grundherrschaft sich vorbehält, nach Zeit und Maaß genau bestimmt und nicht an zufällige Ereignisse, (Zehenten, Laudemien, Sterbefälle 2c.) gebunden seyn sollen.

3) Daß der vorher eingeschränkt gewesene Besitzer völliges Eigenthumsrecht auf das Grundstück erhält, das ihm eingeräumt oder übergeben wird.

4) Daß dem Eigenthümer nicht Verpflichtungen aufgelegt werden, welche die persönliche

Freiheit seiner Nachkommen in Anspruch nehmen.

5) Daß alle im Kontrakte stipulirte Naturaldienste und Naturalabgaben nach dem in der Gegend durch die Regierung jährlich bekannt gemachten Marktpreise bezahlt werden dürfen oder müssen.

6) Daß alle auf einem neueingerichteten Grundstücke haftende Abgaben auf den ganzen Flächeninhalt einzeln vertheilt werden: um dem einzelnen Verkauf keine Schwierigkeiten in den Weg zu legen.

§ 67.

Die Gesetze müssen aber auch, wenn der Zweck erreicht werden soll, es freilassen:

1) Daß die Grundherrschaft einen oder einige ihrer sonstigen Untersassen oder alle für ihre Rechte an die von ihnen bis jetzt kultivirten Grundstücke auf andere Art, durch Geld ꝛc. entschädigen könne, in so fern diese damit zufrieden sind.

2) Daß diese letztern sich ankaufen können, wo sie wollen und ein Gewerbe ergreifen können, welches sie wollen.

3) Daß weder die Grundstücke der bisherigen Untersassen noch die der Grundherrschaft

als geschlossen und untheilbar betrachtet, sondern nach dem Willen der Besitzer vergrößert oder verkleinert werden können.

§ 68.

Die Gerichtsbarkeitsrechte der Grundherrschaften über ihre Untersassen waren in den ältern Zeiten, — wo die Justizeinrichtung des ganzen Staats noch so unvollkommen und die Ausübung der Gerichtsbarkeit noch so fragmentarisch war — ein nothwendiges Mittel zu Erhaltung einiger Ordnung unter den niedern Volksklassen; aber sie sind in dem jetzigen Zustande einer kultivirten Nazion und bei der jetzigen Einrichtung der allgemeinen Landesjustiz nicht bloß als unnütz, sondern auch als ein Hinderniß des zunehmenden Wohlstandes anzusehen: indem sie einzelne Personen in vielen von der Regierung nicht zu kontrollirenden Fällen zu Richtern in ihrer eigenen Sache machen, und die Gelegenheit zu Bedrückung der Untersassen vermehren. Auch ist es dem Zweck einer wohlgeordneten Justizeinrichtung widersprechend: wenn die Gerichtsbarkeit gleich einer ökonomischen Nutzung zu Ertrag angeschlagen, verkauft, verpachtet und vererbt werden kann.

Die Regierung hat nicht nöthig, durch Zwangsgesetze den Grundherrschaften dieses Recht zu nehmen; sie kann dessen übeln Folgen auf einem ganz natürlichen Wege entgegenwirken: indem sie durch Distrikts- und Kreis-Gerichte, welche von den Grundeigenthümern besetzt und den höhern Landesgerichten analog organisirt werden, die Justiz unter Aufsicht der letztern verwalten läßt.

§ 69.

Auch die Städte hatten in ältern Zeiten durch Reichthum und Macht sich Rechte über einen ihnen nahe liegenden Distrikt (Bannmeile) oder über die in einem gewissen Bezirk vorkommenden Handelsgewerbe (Stapelrecht) angemaßt, welchen die Regierungen entweder um des Vortheils ihrer Kasse willen, oder aus Mangel an Kraft anfangs nicht widersprachen, und welche sie jetzt aus Besorgniß: vielen Personen ihr durch Erbschaft, Kauf, oder auf andern rechtlichen Wegen erlangtes Eigenthum zu schmälern nicht aufheben wollen; da aber dergleichen Privilegien in der Regel dem Ganzen weit mehr Nachtheil als den einzelnen Privilegirten Vortheil bringen, so wird die Regierung dem Nazionalvermögen nützen: wenn sie durch Aufwendung verhältnißmäßiger Entschädigungen solche Rechte aufhebt.

IV.

Regulirung der Gewerbe durch örtliche Einschränkungen, Innungen, Taxen ꝛc.

§ 70.

Durch die gesetzliche Trennung der sogenannten städtischen und ländlichen Gewerbe sind viele derselben kostbarer und ihre Produkte für die Nazion theurer gemacht worden, als sie ohne dieselben seyn würden. Die Natur eines jeden Gewerbes lehrt den, der es betreiben will, schon an sich: ob es vortheilhafter in einer Stadt oder ausserhalb derselben betrieben werden kann; wenn also die Regierung einem Jeden diesen Ort zu wählen erlaubt, so wird sie am besten für das Nazionalvermögen sorgen.

— Die Ursachen dieser Trennung liegen gewöhnlich in der Steuerverfassung.

§ 71.

Wenn zum Vortheil der städtischen Nahrung die Landleute bewogen werden sollen: viele ihrer Bedürfnisse in der Stadt zu kaufen, welche ihnen ein im Dorfe wohnender Handwerker wohlfeiler geliefert hätte; so werden nicht allein die Landleute diese Bedürfnisse theurer bezahlen müssen, als es ohne diese Einschränkung geschehen seyn würde, sondern die Produkzion von dergleichen Bedürfnissen wird vermindert werden, da ihr Absatz vermindert wird; der Landmann wird sich mit schlechtern Ersatzmitteln behelfen, die er entweder in der Nähe hat, oder selbst verfertigen kann.

§ 72.

Einen wichtigen Einfluß auf die höhere Kultur der Landwirthschaft müßte die Freiheit haben, daß ein jeder sein Gewerbe treiben kann, wo es ihm den größten Vortheil bringt.

1) Einige Gewerbe, z. B. Brauereien, Brantweinbrennereien rc. haben wegen des Düngergewinns den größten Vortheil für die Landwirthschaft und können unfruchtbare Strecken in das fruchtbarste Land verwandeln, wenn sie da getrieben werden dürfen, wo sie den mehrsten Vortheil bringen.

2) In vielen Ländern sind auf dem Lande die Gebäude in ganz unzweckmäßig gebauete Dörfer zusammengedrängt und oft weit von den dazu gehörenden Grundstücken entfernt. Wenn es einem Jeden erlaubt wäre: seine Gebäude ohne die Grundstücke an den zu verkaufen, der ein anderes Gewerbe treibt,

so würden bald auf den entfernt liegenden Grundstücken neue Gebäude entstehn; es würde so das richtige Verhältniß der landwirthschaftlichen Gebäude zu dem zu kultivirenden Boden erreicht werden, das nirgends anzutreffen ist, wo diese Einschränkungen statt finden.

§ 73.

In dem natürlichen Gange einer an Zahl und Vermögen wachsenden Nazion setzt sich zwischen den einzelnen bürgerlichen Ständen und Gewerben ein gewisses Verhältniß, so wohl in Hinsicht auf die Zahl der Individuen, welche dieselben Gewerbe betreiben, als auch in Hinsicht auf den ökonomischen Ertrag der Gewerbe selbst fest, welches nach Beschaffenheit der natürlichen Verhältnisse des Landes und der Menschen für einige Stände und für einige Gewerbe vortheilhafter zu seyn scheint, als für andere.

— Bezahlung des Tagelöhners, des Handwerksgesellen, des Künstlers ꝛc.

§ 74.

Wenn Freiheit der Personen und Freiheit des Eigenthums in einem Lande statt findet, so wird ein jeder Einzelne dahin streben: die Produkte seiner Arbeit so theuer als möglich zu verkaufen und die Produkte der Arbeit Andrer so wohlfeil als möglich einzukaufen; dieser Wettstreit wird sich bei der im Wohlstande steigenden Nazion zuweilen zu dem Vortheil des einen, zuweilen zu dem Vortheil des andern Standes und Gewerbes neigen; jedoch kann dies niemals auf lange Zeit oder in beträchtlichem Verhältniß statt finden; weil der allen bekannte und in die Augen fallende Vortheil des einen Gewerbes die Quantität der darauf verwendeten Kapitale und die Zahl der damit sich beschäftigenden Personen so vermehren wird: daß durch die Konkurrenz derselben ein solches Gewerbe mit den übrigen bald wieder in das richtige Gleichgewicht kommt.

§ 75.

Dieser natürliche und für das Steigen des Nazionalvermögens so wohlthätig wirkende Gang wird aber sogleich geändert: wenn die Regierung in diese Verhältnisse eingreift und durch Gesetze oder Begünstigungen einen Stand oder ein Gewerbe einträglicher als die andern, oder durch Einschränkungen und Taxen minder einträglich als die übrigen machen will. Der ursprüngliche Zweck solcher Verordnungen der Regierung war wohl: die bei dem natürlichen Gange nicht zu vermeidenden parziellen Schwankungen zu vermindern oder ganz zu verhüten, und ihnen durch künstliche Einrichtungen entgegen zu wirken.

§ 76.

Da es einer Regierung nicht möglich ist, das für den Wohlstand der Nazion wohlthätigste Verhältniß aller Stände gegen einander gesetzlich zu bestimmen; indem das stets mit Zu- oder Abnahme, einzelner Stände oder der Bevölkerung überhaupt sich ändernde Bedürfniß erst spät zu ihrer Wahrnehmung kommt, und auch dann schon sich wieder geändert haben kann; so wird sie in den mehresten Fällen durch die künstlichen Bestimmungen schaden, oder wo sie von ungefähr das richtige Verhältniß trifft, etwas ganz Ueberflüssiges gethan haben.

§ 77.

Man hat durch Gesetze einige Gewerbe für geschlossen erklärt (Innungen) weil man glaubte: daß durch zu große Konkurrenz der sich damit beschäftigenden Personen der Lohn dieser Gewerbe zu weit herabsinken würde; aber

1) gab man dadurch einem Gewerbe ein Monopol gegen alle übrige nicht geschlossene,

und vermehrte den Ertrag desselben über das natürliche Verhältniß.

2) Hinderte man dadurch die Vervollkommung der geschlossenen Gewerbe selbst: indem nun nicht mehr Fleiß und Geschick allein, sondern der Besitz eines Innungsbriefs Einkommen und Vermögen verschaffen konnte.

3) Nahm man dem talentvollen und fleißigen Bürger, der nicht das Zunftrecht erlangt hatte, oder gewinnen konnte, die Aussicht: in irgend einem Gewerbe, zu dem er natürliches Talent nnd Lust hatte, sich Wohlstand zu erarbeiten.

4) Zogen diese unnatürlichen Einrichtungen andere noch unnatürlichere Zwangsgesetze nach sich; indem man die übrigen Staatsbürger nun durch Einfuhrverbote und andre Beschränkungen zwingen mußte, da ihre Bedürfnisse zu kaufen, wo es befohlen war, nicht da, wo es für sie am vortheilhaftesten war.

— Der Kaufpreis einer Elbschiffergerechtigkeit in Magdeburg 10000 Thlr., einer Braugerechtigkeit in Königsberg 3000 Thlr., einer Schuhbank in Breslau 800 Thlr., einer Barbiergerechtigkeit ꝛc.

§ 78.

Andre Gewerbe wurden von den Regierungen auf dem entgegengesetzten Wege begünstigt, weil sie von ihnen mehr Wohlstand für die Nazion erwarteten, als von den übrigen, und man zog durch Prämien, Unterstützungen, Exemzionen von verschiedenen Lasten rc. eine größere Anzahl Menschen zu ihnen, als nach dem natürlichen Gange der Gewerbe sich zu ihnen gewendet haben würden. Die Folgen davon sind:

1) Man schadet dadurch mit der Zeit der Einträglichkeit dieser Gewerbe selbst; indem die Zahl der Konkurrenten größer wird, als das Bedürfniß sie verlangt.

2) Die Erlangung von Prämien, Unterstützungen und Exemzionen wird ein wichtigerer Gegenstand der Spekulazion, als Fleiß und Thätigkeit; da die erstern ohne alle Anstrengung lohnen.

3) Wenn auf diese Art dergleichen Gewerbe durch die hervorgebrachte Konkurrenz so vieler Arbeiter immer weniger einträglich und immer ärmlicher wurden; so mußte die Regierung, um nur ihr künstliches Werk zu erhalten, das Nazionalvermögen zur Erhaltung einer Klasse verwenden, da es doch ein Eigenthum Aller ist.

4) Wenn diese Anforderungen zu groß wurden, und die Kräfte der Regierung überstiegen; wenn nöthigere Ausgaben den Fonds der Regierung verminderten, oder wenn Unglücksfälle das Nazionalvermögen überhaupt trafen: so verarmte der größte Theil dieser unverhältnißmäßig vermehrten Volksklasse, fiel als Bettler allen übrigen Klassen zur Last und klagte die Regierung, die ihre Vermehrung verursacht hatte, der Ungerechtigkeit an: wenn sie ihre Hand von ihnen zurückzog.

§ 79.

Auf einem andern Wege suchten die Regierungen das vermeintlich richtige Verhältniß der Gewerbe im Staate dadurch zu erhalten: daß sie für einzelne oder für alle Arbeiten und Waaren einen gewissen Preis als Taxe oder als Maximum festsetzten, den die Verkäufer zum Besten der Käufer nie überschreiten sollten. Wenn dergleichen Taxen mit Gerechtigkeit gemacht werden, so müssen sie den Erzeugungspreis der Waaren genau treffen. Die Berechnung desselben würde nur dann möglich seyn: wenn die Elemente, aus denen er zusammengesetzt ist, sich in allen Verhältnissen immer gleich blieben; da dies aber, aus

Gründen, welche gar nicht von dem Willen der Menschen abhängen, nicht sagen kann; so würde die Regierung täglich neue Berechnungen anstellen müssen, um weder dem Verkäufer noch dem Käufer unrecht zu thun — und wenn sie diesen Zweck erreichte, so wird sie ganz umsonst gearbeitet haben; denn ohne ihr Dazwischenkommen wird der Marktpreis immer von dem Erzeugungspreise regulirt werden.

§ 80.

Einige Regierungen haben mehr, andre weniger verkäufliche Dinge einer Taxe unterworfen, keine aber hat so weit gehen können, alle zu taxiren, und schon daraus entstanden Ungleichheiten und Störungen des richtigen Verhältnisses; vorzüglich da man für die nothwendigste Waare (Getreide) keine gesetzliche Taxe machen konnte, von deren Preise doch der Preis der mehresten übrigen Gegenstände abhängt. Die Ursach: warum das Getreide einer Taxe nicht unterworfen werden kann, liegt in dem Wesen der Naturkräfte und Naturerscheinungen, die keinem menschlichen Gesetz unterwürfig gemacht werden können.

§ 81.

Wenn die Regierung bemerkte, daß der Erwerb einzelner arbeitenden Klassen zu gering wurde, um die für sie unentbehrlichen Bedürfnisse befriedigen zu können: so versuchte sie, entweder zum Schaden dieser Klasse selbst, oder zum Schaden der übrigen durch Taxen dieses Mißverhältniß zu heben; denn der Grund solcher Erscheinungen liegt zu tief, als daß eine Taxe ihn wegräumen könnte.

— Z. B. Das Lohn der Handarbeiter, welches theils durch Verminderung der Kapitale, theils durch Vermehrung der Klasse selbst zuweilen so herabsinkt; ersteres wirkt mehr, als letzteres und Beides wird keine Taxe des Arbeitslohns abändern.

§ 82.

Bekanntmachung des zur Zeit bestehenden Marktpreises der nöthigen und häufig im Handel vorkommenden Waaren ist unstreitig ein gutes Hülfsmittel für einen großen Theil der Staatsbürger: um im Kauf und Verkauf nicht durch Mangel an Kenntniß der kurrenten Preise zu leiden. Der Ursprung der mehresten Taxen scheint in diesen zweckmäßigen Bekanntmachungen zu liegen, welche nur dadurch gemißbraucht wurden, daß man ihnen gesetzliche Kraft beilegte; woraus noch die üble Folge entstand: daß wegen der Preisschwankungen der nothwendigsten nicht taxirten Bedürfnisse auf die Beobachtung der übrigen Taxen nicht mit Strenge gehalten und so die Autorität der Gesetzgebung im Ganzen vermindert wurde.

§ 83.

Die gesetzlichen Taxen sind da nothwendige Uebel geworden, wo die Regierung durch Privilegien, Innungen, Monopole und Immunitäten die natürlichen Preisverhältnisse der Waaren gestört hatte; denn sie mußte nun, um solchen privilegirten Klassen ihr Uebergewicht über die Käufer nicht zu weit ausdehnen zu lassen, Berechnungen anstellen: zu welchem Preise jene ihre Waaren verkaufen könnten und sollten; da aber diese Berechnungen aus den angegebenen Gründen nicht richtig seyn oder nicht richtig bleiben konnten, so wurde durch ein neues Uebel ein älteres zwar unschädlicher gemacht; jedoch durch den Zusammenhang solcher willkührlichen Bestimmungen das unnatürliche Verhältniß noch fester gegründet.

§ 84.

Auch die Vorschriften, welche das Gesindelohn festsetzen, gehören hieher; sie entstanden ursprünglich aus dem Unterthänigkeitsverhältniß einer Klasse der Staatsbürger gegen die andre, indem hier kein freier Kontrakt zwischen Herrschaft und Gesinde statt fand; man wollte also durch diese Taxen das letztere gegen allzu ärmlichen Lohn sichern. Wo aber das Miethen und Vermiethen der dienenden Personen durch freiwillige Kontrakte geschieht: da haben dergleichen gesetzliche Vorschriften dieselben Folgen, wie die Waarentaxen und sie können mit Einverständniß beider Kontrahenten leicht umgangen werden, und werden in der Regel zum Vortheil beider umgangen.

— Die Gesindeordnungen und Gesindetaxen können nur auf die physischen Kräfte und Eigenschaften der dienenden Personen, aber nicht auf ihre Treue, Anhänglichkeit, Vorsichtigkeit und überhaupt auf ihre moralischen Eigenschaften Rücksicht nehmen.

§ 85.

Auch der Zinsfuß ist in den mehresten Staaten ein Gegenstand der Gesetzgebung geworden, welche das für Wucher erklärte, was über den von ihr bestimmten Punkt als Zinse gefordert und gegeben wurde. Da sich der Preis der Zinsen durch die Größe des Kapitalgewinns und durch die Konkurrenz der Nachfrage und des Angebots festsetzt: so müßte die Regierung, welche nach Grundsätzen der Gerechtigkeit handeln will, erst den durch diese Umstände festgesetzten Marktpreis erforschen und ihre gesetzliche Bestimmung so oft und so vielfach verändern, als sich dieser Marktpreis verändert; wozu wird aber dann das Gesetz nöthig seyn, da ohne dasselbe die Sache eben so gehn wird, als mit demselben? Aber die mehresten Regierungen banden sich nicht an dieses natürliche Prinzip, sondern setzten zuweilen einen niedrigern, zuweilen einen höhern Preis gesetzlich fest, als die Konkurrenz auf natürlichem Wege fest gesetzt hatte.

— In dem preußischen Staate ist der gesetzliche Zinsfuß 5 Prozent; für Süd- und Neuostpreußen erlaubte man späterhin 6 Prozent, warum? weil man sah, daß dort der Marktpreis der Zinsen aus natürlichen Ursachen höher war.

§ 86.

Da ein niedriger Zinsfuß in der Regel Folge des Wohlstandes und Reichthums ist, so wurde hier auch häufig die Folge für die Ursach genommen, und man glaubte die Nazion reicher zu machen, wenn man den Zinsfuß durch Gesetze erniedrigte; da aber diese Gesetze gegen sogenannten Wucher nur bis zu einem gewissen Punkte kontrollirt werden können; da sie ohne Gefahr umgangen werden können, wenn beide kontrahirende Theile darüber einig sind; so drücken sie nur den gewissenhaften und ehrlichen Theil der Nazion und verdienen den Namen Wuchergesetze mehr darum: weil sie Wucher erzeugen, als weil sie ihn verhindern: denn der gewissenhafte oder furchtsame Kapitalist wird, um das Gesetz nicht zu übertreten, sein Kapital da anlegen, wo das Gesetz nicht gilt; der gewissenlose wird sich die Verlegenheit des Borgers um desto mehr zu Nutze machen und wird sich die Gefahr, für seinen Wucher bestraft zu werden, reichlich bezahlen lassen.

§ 87.

Der hohe Stand der Zinsen in einem Lande ist ein Kennzeichen: daß für das Land und dessen Gewerbe mehr Kapitale gesucht werden und angewendet werden können, als zur Zeit darin vorhanden sind; eben dieser hohe Preis aber erleichtert dann die Hervorbringung neuer, oder die Herbeibringung fremder Kapitale; ein Gesetz, das diesen Zinsfuß herabsetzt, vermindert den erstern und verhindert den letztern Vortheil, und die

Nazion wird länger in dem Zustande des Mangels an Kapitalen erhalten, als sie ohne dies Gesetz geblieben seyn würde.

§ 88.

Die Wiederherstellung der natürlichen Verhältnisse der Gewerbe durch Freiheit im Besitz und im Kauf und Verkauf, in einem Lande, wo bisher diese Freiheit durch Gesetze eingeschränkt war, wird auf eine Zeitlang den Zinsfuß erhöhen; dieser höhere Zinsfuß wird aber für den Wohlstand der Nazion nicht schädlich seyn, sondern nach und nach ohne Eingreifen der Regierung durch Vermehrung der Kapitale selbst und daraus entstehende Konkurrenz des Angebots wieder zu dem den allgemeinen Verhältnissen gemäßen Preise herabsinken.

§ 89.

Ursprünglich scheinen die Gesetze, welche den Zinsfuß bestimmen, auch zu einem sehr nöthigen Gebrauch gemacht worden zu seyn, und nur der Mißbrauch derselben hat ihnen wie andern Taxen einen schädlichen Einfluß auf den Wohlstand der Nazionen gegeben. Es ist nemlich in Streitsachen über Schulden und Bezahlung derselben oft nöthig: den schuldigen Theil, der unrechtmäßigerweise die Bezahlung eine Zeitlang zurückgehalten hat, — ohne daß für diesen Fall kontraktmäßig Zinsen bestimmt waren, — zu Bezahlung der Zinsen zu verurtheilen, und hier muß der Richter ein positives Gesetz haben: damit die Bestimmung der dem obsiegenden Theile eine Zeitlang entzogenen Nutzung nicht seiner Willkühr überlassen bleibt. Es wird für den Wohlstand der Nazion und für die pünktliche Erfüllung der Verbindlichkeiten einzelner Kreditoren besser seyn, diesen Zinsfuß zu hoch, als ihn zu niedrig gegen den Marktpreis derselben anzusetzen.

— Am häufigsten kommt dieser Fall bei Vormundschaften vor.

V.

Vorsorge der Regierung für die Wohlfeilheit der nothwendigsten Lebensbedürfnisse im Lande.

§ 90.

Einer jeden Regierung muß es wünschenswerth seyn: daß in ihrem Lande in dem gewöhnlichen Gange der Dinge mehr rohe Produkte und Lebensbedürfnisse erzeugt werden, als die Nazion bis zur folgenden Ernte bedarf; und je größer dieser Ueberschuß über das Bedürfniß ist, um desto mehr wird und kann sie gewiß seyn: daß die Nazion nie Mangel an diesen Gegenständen leiden werde.

§ 91.

Dieses Ziel kann nur dann erreicht werden: wenn alle, die dergleichen Produkte erzeugen, die Ueberzeugung haben, daß sie ihre hervorgebrachten Produkte auch sämmtlich werden verkaufen können. Diese Ueberzeugung können sie nur dann haben: wenn ihnen freisteht, ihre Produkte zu verkaufen, wohin und an wen sie es für sich am vortheilhaftesten finden; der vortheilhafteste Verkauf aller Produkte ist in der Regel der schnellste und der nächste: weil der Preis derselben durch Kapitalzinsen — wenn sie lange unverkauft liegen — und durch Transportkosten und Arbeit — wenn sie weit transportirt werden müssen — vermehrt wird; letztres gilt vorzüglich von rohen Produkten, die neben ihrer größern Ausdehnung und Schwere auch in vielen Fällen dem Verderben und dem Abgange durch langes Aufbewahren unterworfen sind; es werden also bei übrigens freiem Verkehr nur die rohen Produkte ins Ausland verkauft werden: welche im Inlande keine Käufer finden.

§ 92.

Da aber die mehresten Regierungen das freie Verkehr mit Waaren der ersten Nothwendigkeit so oft erschweren; da das seiner Natur nach so wohlthätige Gewerbe: welches die rohen Produkte da und dann kauft, wo und wann sie am wohlfeilsten zu haben sind — weil man Ueberfluß hat — und da und dann verkauft, wo und wann sie am theuersten sind — weil man Bedürfniß oder Mangel daran hat — da dieses Gewerbe oft unbedingt verboten oder gar zu einem Monopol gemacht worden ist: so wird dadurch das natürliche Verhältniß so geändert, daß es für viele Produzenten vortheilhafter ist, ihre rohen Produkte in entfernte Gegenden zu verkaufen, als sie der willkührlichen Behandlung der nächsten Konsumenten auszusetzen.

§ 93.

Wenn die Regierungen glaubten: die Produzenten durch Ausfuhrverbote ihrer erzeugten Waaren zur Unterwerfung unter die künstlichen Zwangsanstalten im Lande und dazu zu zwingen, daß sie ihre Produkte im Lande behielten; so zerstörten sie

1) in dem Falle, wenn das Land einen Ueberfluß an rohen Produkten erzeugte, den

Vortheil, den die Nazion von diesem Ueberfluß zog, wenn sie ihn gegen ausländische Bedürfnisse vertauschte: wobei sie für das Bedürfniß ihrer eignen Nazion ohne Sorgen seyn konnten; denn dieser Ueberschuß wird nicht wieder erzeugt werden, wenn er keine Käufer gefunden hat; und sie thaten

2) in dem Falle, wenn das Land schon an sich nur so viel oder noch weniger erzeugte, als es bedarf, etwas ganz überflüssiges; indem bei der Freiheit im Kauf und Verkauf diese Produkte ohnedem im Lande geblieben seyn würden.

§ 94.

Dem ersten Uebel, das bald sichtbar und fühlbar wird, suchte man dadurch zuvorzukommen: daß man nur auf eine gewisse Zeit und nur zuweilen, wenn man Mangel befürchtete, dergleichen Ausfuhrverbote ergehen ließ; aber die gemeine Erfahrung: daß dergleichen Verbote in der Regel die Preise nicht herabbringen, sondern oft steigern, ist ganz in der Natur der Sache gegründet; die von der Regierung selbst erweckte Furcht vor Mangel vermehrt die Zahl der Käufer über das gewöhnliche Verhältniß und setzt die Verkäufer in den Stand, von dieser Furcht Vortheil zu ziehen; aber auch die Erfahrung ist eben so häufig, daß dergleichen Verbote zu spät kommen; denn die Produzenten und Verkäufer entziehen so schnell als möglich ihre Vorräthe den Gesetzen, indem sie dieselben ins Ausland verkaufen oder auch nur dahin transportiren, sobald sie dergleichen Maaßregeln ahnen; dann muß die Regierung oder der Konsument diese Vorräthe mit Bezahlung der unnützen Transportkosten wieder einkaufen, welche die Gesetzgebung des Landes gleichsam hinausgetrieben hatte.

§ 95.

Die schwankenden Grundsätze der Regierungen in diesem Zweige ihrer Administrazion; der Mangel an Einheit und Konsequenz in ihrer Gesetzgebung; die Verlegenheiten, in welche sie sich oft durch falsche oder halbe Maaßregeln versetzten — verminderten oder zerstörten den Glauben der Nazion zu den Einsichten ihrer vorgesetzten Behörden; erregten Unzufriedenheit mit ihren Anordnungen, und verwirrten die klarsten Begriffe über den natürlichen Gang der Gewerbe so sehr: daß häufig die Nazionen und die Regierungen an der Möglichkeit verzweifelten, die natürliche Ordnung wiederherstellen zu können.

§ 96.

Die Ursach, warum die Regierungen die Freiheit im Kauf und Verkauf der rohen Lebensbedürfnisse im Lande einschränkten, vielen lästigen Formalitäten oder gar Monopolen unterwarfen, war vorzüglich die Hofnung: dieselben dadurch in niedrigern Preisen zu erhalten, als sie auf dem allgemeinen Markte fanden. Wenn sie nun

1) ihren Zweck erreichten, so vermehrten sie dadurch das Bestreben aller Produzenten, den allgemeinen Markt zu suchen, und sich den Landesgesetzen zu entziehen, (§ 92.) welches auch die oft mit Blut geschriebenen Gesetze bei der strengsten, die Landesgrenze in einen Kriegsschauplatz verwandelnden Aufsicht nicht ganz verhindern konnten.
2) Wenn sie aber ihren Zweck nicht erreichten, so vermehrten sie für die Produzenten und die Konsumenten die Kosten und beide hatten Ursach, sich zu beklagen: der eine über zu geringe, der andre über zu hohe Preise.

§ 97.

Wenn die Regierung glaubt, daß der allgemeine Marktpreis (Weltpreis) einiger oder aller Waaren für ihre Nazion zu hoch ist, weil sie dieselbe für arm hält; so macht sie die Armuth derselben perennirend, gibt ausländischen Spekulanten Veranlassung zu Benutzung der im Lande bestehenden geringern Preise, und bringt das Land zu einer reel nachtheiligen Handelsbilanz: indem der Inländer Waaren von wirklich (vom allgemeinen Marktplatze bestimmten) größerm Werth für andre Waaren von wirklich geringerem Werth eintauscht.

§ 98.

In Ländern, wo der innere Handel mit Getreide und mit den ersten Lebensbedürfnissen nicht erlaubt oder wo er beschränkt ist, findet eine große örtliche Verschiedenheit und ein stetes Schwanken der Peise derselben statt; wenn die Regierung bei dieser Einrichtung freie Ausfuhr dieser Waaren gestattet, so kann diese Freiheit das erzeugen, was man ihr so oft unbedingt Schuld gibt: das Getreide kann zuweilen zu denselben oder gar zu wohlfeilern Preisen an die Ausländer verkauft werden, als manche Landes-Einwohner dafür bezahlen müssen; denn es fehlt an Personen, welche durch ihr eignes Interesse bewogen werden, in allen Gegenden die Preisverhältnisse zu untersuchen und wo diese Waaren unter oder über den Marktpreis gekommen sind, durch Ankauf und Verkauf die Gleichheit wieder herzustellen. Eben so wenig wird der innere freie Handel diese wohlthätigen Wirkungen hervorbringen, wenn neben ihm fortwährende oder periodische Ausfuhrverbote statt finden; denn die fortwährenden vermindern überhaupt den Handel, da sie die Produkzion vermindern; die periodischen stören den Gang des Handels oft so sehr zum Schaden der Handelnden: daß diese ihre Kapitale und ihre Arbeit aus einem Gewerbe zurückziehen, das sie oft großem Verlust aussetzt, und ihnen so selten großen Gewinn erlaubt.

§ 99.

Wenn die Regierung dahin arbeitet: daß die Bedürfnisse und Waaren, welche die Nazion bedarf, zu wohlfeilen Preisen zu erhalten seyn sollen, so verfolgt sie einen sehr wünschenswerthen Zweck; denn die Nazion kommt dadurch in den Stand, sich durch Arbeit und Thätigkeit mehr Genußmittel zu verschaffen, als wenn die Bedürfnisse und Waaren theurer sind; aber

1) muß diese Wohlfeilheit alle Bedürfnisse treffen, indem sie sonst die Entbehrungen des einen Standes um eben so viel vermehrt, als sie den Genuß der übrigen erhöhet;

2) es muß eine reale Wohlfeilheit seyn, die nicht nach den Geldsummen bestimmt werden kann, welche gebraucht oder ausgegeben werden; denn im letztern Falle ist sie vielleicht nur nominal und es würde gleichgültig seyn, ob ein Scheffel Getreide 1 Thlr. oder 4 Thlr. gilt, wenn 4 Thlr. so viel realen Werth haben, als ehemals 1 Thlr. hatte. Der reale Werth aller Waaren wird nach der Quantität von Kraft oder Arbeit gemessen, welche die Hervorbringung derselben kostet.

Die Bemühung der Regierung muß also dahin gehen: daß die Nazion mit der möglich kleinsten Anwendung von Kraft und Arbeit die möglich größte Quantität von werthvollen Gütern hervorbringt, wenn sie den Wohlstand derselben vermehren will. Daß sie dieses Ziel nicht durch Einschränkung der Thätigkeit und der Gewerbe erreicht, ist an sich klar.

§ 100.

Nach dem Preise der nothwendigsten Lebensbedürfnisse reguliren sich — wenn nicht künstlich gemachte Verhältnisse dazwischen treten — die Preise der übrigen im Lande hervorgebrachten Waaren; wenn nun der Realpreis dieser Bedürfnisse

nisse geringer wird, so werden es auch die übrigen davon abhängenden Waaren seyn. Die Vervollkommnung der Produkzion dieser Bedürfnisse, oder der Landwirthschaft wird das kräftigste Mittel seyn, ihren Realwerth (Erzeugungspreis) zu vermindern und die Nazion wohlhabend zu machen.

§ 101.

Eine jede Waare hat ihren natürlichen Preis, unter den sie nicht sinken darf, wenn sie ferner erzeugt werden soll, dies ist ihr Kostenpreis oder Erzeugungspreis; dieser wird dann am besten getroffen und zum Marktpreise werden: wenn einem Jeden erlaubt ist, seine Waaren zu verkaufen, wo und an wen er will, und seine Bedürfnisse zu kaufen, wo und von wem er will; je mehr die Gesetze diese Erlaubniß einschränken, um desto mehr weicht der Marktpreis vom Erzeugungspreise ab, entweder zum Schaden des Produzenten oder zum Schaden des Konsumenten; gewöhnlich aber zum Schaden beider.

§ 102.

Wenn die Regierung den Kauf der rohen Lebensbedürfnisse zum Wiederverkauf ganz verbietet: so ist der einzelne Konsument gezwungen, seine Bedürfnisse mit Aufwand von Zeit und Kosten bei den einzelnen Produzenten zu suchen, denen der einzelne Verkauf ebenfalls mehr Zeit und Kosten verursacht, als der Verkauf im Großen. Wenn der Produzent gezwungen wird, dem einzelnen Konsumenten seine Bedürfnisse zuzuführen: (wie dies durch viele Marktordnungen festgesetzt ist) so verursacht ihm dieses oft unnütze Transport- und Niederlagskosten, zieht ihn von seinem Gewerbe — der Produkzion — ab, und bringt entweder durch Mangel an Käufern und Ueberfluß an Waaren diese unter ihren Erzeugungspreis; oder erregt durch das Gegentheil den Haß eines Standes gegen den andern oft bis zu den gewaltsamsten Ausbrüchen und bürgerlichen Unruhen.

§ 103.

Da der größte Theil der Konsumenten nicht in der Lage ist, sich mit Lebensbedürfnissen auf längere Zeit in Vorrath zu versorgen, und da die Regierungen aus dem gänzlichen Verbot des Zwischenhandels so üble Folgen entstehen sahen: so erlaubten sie Einzelnen diesen Zwischenhandel durch Privilegien und setzten dadurch einige Wenige in den Stand, aus der Noth Vieler Vortheil zu ziehen, und die Preise der ersten Lebensbedürfnisse willkührlich zu erhöhen; welches nicht möglich war, wenn ein Jeder mit ihnen in Konkurrenz treten konnte. Diese Maaßregeln erzeugten in der Nazion einen forterbenden Haß gegen dergleichen privilegirte Personen (Kornhändler, Kornwucherer, Kornjuden genannt) so daß rechtliche und wohlhabende Leute es nicht wagten, das nützliche Gewerbe des Zwischenhandels (§ 92) zu betreiben; so entstand oft bei absolutem Ueberfluß an den nothwendigsten Lebensbedürfnissen und bei den strengsten Ausfuhrverboten, relativer Mangel und drückende Theurung.

— Nicht der ganze im Lande vorhandene Vorrath, sondern nur der zum Verkauf ausgebotene wirkt auf den Preis der Waare; da nun solche Maaßregeln diesen letztern Vorrath vermindern, so bewirken sie in der Regel auch Theurung.

§ 104.

Dem Wohlstande und der bürgerlichen Ordnung in einer Nazion ist ein sich möglichst gleich bleibender Preis der nothwendigsten Bedürfnisse sehr wünschenswerth und zuträglich, indem die Theurung und Wohlfeilheit derselben nicht so schnell auf den Preis andrer Waaren und Dienste wirken kann; aber diese Gleichheit der Preise kann nur da erwartet werden, wo Freiheit im Ein- und Verkauf ist: weil dann Privatmagazine entstehen, die bei reichlichen Ernten durch ihren Ankauf den ohne ihr Dazwischenkommen zu niedrig sinkenden Preis erheben, und bei geringen Ernten durch ihren Verkauf den Preis vermindern. Für privilegirte Getreidehändler ist aber diese Spekulazion nicht einträglich genug, da ihnen bei reichlicher lohnenden Niemand in den Weg treten darf.

§ 105.

Ein Land, das durch Ausfuhrverbote sich gegen Mangel an rohen Lebensbedürfnissen sichern will, hat im Falle eines absoluten Mangels durch Handel oder Spekulazion auch von der Einfuhr aus der Fremde wenig zu hoffen; denn es ist bei den durch die Anordnungen der Regierungen so verwickelt gewordenen Verhältnissen dem Privatmanne unmöglich zu entscheiden: ob der steigende Preis dieser Waaren wirklich einen Mangel an denselben andeutet, oder ob er bei einer andern künstlichen Operazion der Regierung plötzlich wieder sinkt? Diese Betrachtung hindert den spekulativen Kaufmann, aus der Fremde Getreide rc.

kommen zu lassen, aus Furcht daran zu verlieren, und es kommt noch hinzu: daß er über das eingebrachte Getreide nicht mehr frei disponiren darf, sobald es im Lande ist; weil es dann unter dem Gesetze steht.

§ 106.

Die statistischen Berechnungen: wie viel ein Land an Getreide erzeugt, und wie viel es davon bedarf, sind sehr mißliche Hülfsmittel für die Regierung, um nach ihnen die Ausfuhr des Getreides zu erlauben oder zu verbieten. Die Produkzion ist in einem kleinen Distrikte, vorzüglich da, wo nicht eine Wirthschaftsart allgemein eingeführt ist, so sehr verschieden: daß weder die angegebene Quantität der Aussaat, noch die der gewonnenen Früchte nach dem Probedreschen ꝛc. zu einem richtigen Resultat führen kann; am unsichersten werden die von den Produzenten selbst aufgenommenen Angaben seyn, da diese zu der für solche Aufnahmen nöthigen Zeit die Quantität mehrentheils selbst nicht angeben können und aus vielen Gründen sie nicht richtig angeben wollen. Die Konsumzion nach Durchschnittsätzen zu berechnen, scheint zwar leichter zu seyn; aber erstens reicht die Kenntniß derselben allein nicht zu dem Behuf hin, und zweitens richtet sie sich, insbesondere auf dem platten Lande zu sehr nach der Produkzion, vorzüglich in Hinsicht auf die Art der gewonnenen und der zu verzehrenden Lebensmittel (Getreide, Kartoffeln, Kohl, Rüben, Fleisch, Bier, Brantwein) als daß man bei den für gewöhnliche Jahre richtigsten Durchschnittsätzen auf solche Notizen allgemeine Anordnungen gründen könnte.

§ 107.

Die Regierungen sind oft durch die vorher angezeigten Erfahrungen dazu bewogen worden: den Mangel des inländischen Verkehrs mit Getreide, das sie selbst beschränkt oder ganz zerstört hatten, durch ihre eignen Fonds und dazu bestellte Beamten zu ersetzen; im Fall eines entstehenden Mangels selbst Käufer und Verkäufer zu seyn, und die Versorgung der Nazion durch Magazine oder auf andre Art über sich zu nehmen. Daß die Regierungen schlechte Kaufleute sind und stets theurer einkaufen und wohlfeiler verkaufen, als jeder Privatmann, ist eine Erfahrung, die aus ganz natürlichen Ursachen erklärt werden kann; denn die Administratoren kaufen mit fremdem Gelde und verkaufen für fremde Kassen; sie leiden keinen Verlust und haben in der Regel desto größere Privatvortheile, je größer der Verlust der Staatskasse oder der Nazion ist. Wenn die Bemühungen der Regierung hierin auch wirklich gelangen, so kosteten sie der Nazion weit mehr, als wenn dieses Geschäft den Staatsbürgern selbst bei allgemein freier Konkurrenz überlassen worden wäre.

§ 108.

Dergleichen Anstalten der Regierung haben noch die übeln Folgen:

1) daß sie die Entstehung von Privatmagazinen und die Wiederherstellung der natürlichen Ordnung schwieriger machen, je weiter sie ihren Wirkungskreis ausdehnen; da in der Regel kein Privatmann mit ihnen in Konkurrenz treten kann oder darf.

2) Daß eine so regierte Nazion die Sorge wegen ihres Unterhalts auf die Regierung in allen Fällen mit trotzigen Forderungen wirft, und daß die Regierung die hier, wie in andern Fällen die Staatsbürger als Unmündige behandelte, immer mehr Pflichten des Vormundes zu übernehmen hat; so daß dieser Theil der Staatsverwaltung zu einer Armenversorgungs-Anstalt herabsinkt.

§ 109.

Wenn die Regierung es für nothwendig hält: durch ihr Dazwischentreten die Preise der ersten Lebensbedürfnisse geringer zu machen, damit — wie man gewöhnlich sagt — der ärmere Theil der Nazion nicht Mangel leide, so wird

1) diese Herabsetzung nicht unter den Erzeugungspreis sinken dürfen; (§ 101.) man wird also, wenn nach Gerechtigkeitsprinzipien verfahren werden soll, mit großer Anstrengung das zu bewirken suchen müssen, was ohne Eingriff in den gewöhnlichen Gang der Dinge von selbst erfolgt seyn würde.

2) Wenn dem ärmern Theile der Nazion dadurch geholfen werden soll, daß die Lebensbedürfnisse unter ihrem Erzeugungspreise verkauft werden müssen: so nimmt man auf unrechtliche Art dem einen Stande, was man den andern schenkt, und vermindert im Ganzen die Quelle, welche die ärmern Klassen noch erhielt — das Nazionaleinkommen und Nazionalvermögen.

— Aber auch selbst dieser Erzeugungspreis ist durch verschiedene willkührliche Einrichtungen in vielen Ländern höher geworden, als er ohne diese seyn würde, und wir klagen dann über die natürlichen Folgen unsrer eignen Einrichtungen.

§ 110.

Bei der Landwirthschaft sind die übeln Folgen der willkührlichen Herabsetzung der Produktenpreise nicht so schnell sichtbar, als bei andern Gewerben; denn wenn auch der Landwirth, so wie der Fabrikant und Kaufmann einem Gewerbe, dessen Ertrag so willkührlich vermindert und von jeder Polizeibehörde nach Gutdünken bedrückt wird, sein Betriebskapital und seinen Fleiß entziehen, und sie auf ein anderes noch unangetastetes oder gar begünstigtes Gewerbe wenden will; so steht doch dem Grundbesitzer kein solcher Wechsel frei, da das in Grund und Boden steckende und von demselben nicht mehr zu trennende Kapital, (lange fortgesetzte sorgfältige Bearbeitung, Düngung ꝛc.) so wie der Grund und Boden selbst nicht nach seinem Gutdünken zu einer andern Nutzung (wie die Mobiliar- und selbst Immobiliar-Kapitale der Kaufleute und Fabrikanten) als zur Erzeugung der unter dem Gesetz stehenden Produkte gebraucht werden kann; und da er bei einem Verkauf seines Grundstücks den Schaden, den willkührliche Verordnungen vorher nur seinem jährlichen Einkommen thaten, an der

Verminderung seines Kapitalvermögens deutlich genug bemerken wird.

§ 111.

Viele Regierungen glaubten, ohne weitere Rücksicht auf zu befürchtenden Mangel die Ausfuhr des Getreides und andrer rohen Produkte deswegen verbieten zu müssen: damit die Staatsbürger die Produkte, welche einer höhern Bearbeitung fähig sind, in einer größern Verfeinerung, also zu höhern Preisen ins Ausland verkaufen und während der Arbeit auch hinlänglich und wohlfeile Nahrungsmittel haben sollten, um mit andern Nazionen im Preise konkurriren zu können. Dagegen aber hat der Verkauf roher Produkte für ein Land, das in dem glücklichen Verhältniß steht, ihn betreiben zu können, folgende Vorzüge für den Nationalwohlstand:

1) daß der Antheil, den die Natur bei der Landwirthschaft umsonst gibt, und der vom Auslande bezahlt werden muß, in ihnen weit größer ist, als in den verfeinerten Waaren.

2) Daß in der Regel die Einfuhr roher Produkte überall erlaubt, ja oft durch Zollfreiheiten, Prämien 2c. begünstiget ist, da bei

verfeinerten Waaren überall das Gegentheil statt findet.

3) Daß die Einfuhrverbote fremder Regierungen und die Spekulazionen fremder Kaufleute nicht so schädlich auf den diesseitigen Nazionalwohlstand wirken können, wenn sie rohe Produkte betreffen, als bei dem Handel mit verfeinerten Waaren; denn der verminderte Absatz von rohen Produkten trifft in der Regel Personen, die deswegen nicht Mangel an den nothwendigsten Lebensbedürfnissen leiden; da der verminderte Absatz an Fabrik- und Manufakturwaaren die Arbeiter um die nothwendigsten Lebensbedürfnisse bringt, die sie von jenen kaufen müssen.

4) Bei Verminderung des Absatzes an rohen Produkten, die durch zufällige Umstände entsteht und nur temporell ist, bleibt dem Verkäufer noch immer der Weg offen, sie in andre zur Zeit gesuchtere Waaren zu verwandeln, (Getreide in Brantwein, Stärke, Fettwaaren und Fleisch) was bei verfeinerten Waaren in der Regel nicht möglich ist.

Ausserdem werden durch dieses Verfahren der Regierung die Kapitale immer mehr von der

Produkzion abgezogen und andern Gewerben zugewendet, und können so ein Land, das vorher Ueberfluß an den nothwendigsten Bedürfnissen hatte, dahin bringen: daß es nur den nöthigsten Bedarf an Lebensmitteln und weiterhin auch diesen nicht liefert, und daß die Regierung immer mehr Sorgen für die Ernährung der Nazion auf sich ladet.

— Den größern Werth, den Kapitale für die Nazion und den Staat haben, welche auf die Kultur des Bodens verwendet werden, vor denen, welche in andern Gewerben angelegt sind, s. § 58.

§ 112.

Die Bemühungen der Regierungen: durch Ausfuhrverbote roher Produkte, durch Polizeimaaßregeln, welche die Wohlfeilheit der nöthigsten Bedürfnisse erzwingen sollen, und andre auf Einschränkungen gegründete Einrichtungen den in ihrem Lande verfertigten Fabrik- und Manufakturwaaren Absatz nach dem Auslande zu verschaffen und diesen zu befördern, laufen in der Regel dahin aus: daß sie ihre Nazion in einer größern Armuth erhalten oder zu einer größern Armuth bringen wollen, als andre Nazionen, die von ihnen hoffentlich kaufen werden, denn — arme

Leute arbeiten für geringeres Lohn, als wohlhabende. Ein Land, wo Rumfordsche Suppen das Nahrungsmittel der Fabrikarbeiter sind, wird freilich — bei übrigens gleichen Umständen — wohlfeilere Fabrikarbeiten liefern, als ein Land, dessen Arbeiter an eine bessere Lebensart gewöhnt sind und mehr auf ihren Lebensgenuß wenden.

§ 113.

Da aber bei den mehresten Fabrikanlagen die Anwendung großer Kapitale mehr gewinnt und erspart, als das geringe Tagelohn der Arbeiter: so wird eine Nazion, deren Einkommen und Vermögen nicht durch Einschränkungen im Kauf und Verkauf vermindert wird, leichter Kapitale erwerben und sammeln, als eine in Armuth erhaltene — und wird durch Anwendung dieser bei reichlicherem Lohn ihrer Arbeiter dennoch mit jener ärmern Preis halten und ihr sogar den Vorzug abgewinnen können.

VI.

Direkzion des Handels und der Aus- und Einfuhr überhaupt.

§ 114.

Die Meinung vieler Menschen: daß Niemand reich werden könne, ohne daß Andre dadurch ärmer würden, verleitete oft die Regierungen zu Maaßregeln, welche dahin gingen, ihre Nazion auf Kosten andrer Nazionen zu bereichern; oder es zu verhindern, daß andre Nazionen sich nicht auf Kosten der ihrigen bereicherten. Die Meinung entstand aus falschen Begriffen von Geld und edeln Metallen, welche letztere man ausschließlich für Reichthum hielt, weil man sah, daß sie vor allen übrigen Waaren im Tausch und Handel so viele Vorzüge besitzen. Das zunächst liegende Mittel: den vorhandenen vermeintlichen Reichthum der Nazion zu erhalten, oder ihn zu vermehren, war das Verbot oder die Erschwerung der Ausfuhr dieser Metalle, und die Begünstigung oder Belohnung der Einfuhr dieser so hoch geschätzten Waaren.

§ 115.

Da aber der höhere Tauschwerth der edeln Metalle gegen andre Waaren seine Grenze hat, welche durch die freien Marktplätze der Erde bestimmt wird: so würde eine Regierung, auch wenn sie wirklich den vorgesteckten Zweck erreicht, nichts anders bewirken: als daß der Tauschwerth der in ihrem Lande aufgehäuften Metalle gegen den natürlichen Tauschwerth (allgemeinen Marktpreis) sinkt, und daß der Ausländer dann diese

Metalle mit einer Quantität andrer Waaren wieder an sich bringen kann, welche geringer ist, als diejenige, die vorher zum Eintausch derselben ausgegeben werden mußte.

— Wie in einem Staate, der einen Schatz sammelt, diese Folgen eine Zeitlang nicht entstehen, s. § 245. rc.

§ 116.

Bis zu diesen Folgen wird es aber schwerlich ein Staat, auch wenn er das strengste Einschränkungssistem befolgte, bringen können; denn die Aus- und Einfuhr aller Waaren ist leichter zu kontrolliren, als die der edeln Metalle, und die Verbote der Ausfuhr derselben werden nur dem Handel der Nazion schaden und die Gewerbe stören, ohne die Quantität der Metalle zu vermehren.

— Der Kaufmann, der dem Auslande die von ihm gekauften Waaren mit Geld oder edeln Metallen bezahlt, wird es nur dann thun, wenn er auf keine für ihn wohlfeilere Art die Zahlung verrichten kann; denn wenn er durch Waaren und Wechsel wohlfeiler zum Ziele kommt, so bedarf es keiner Befehle der Regierung, um ihn zu dieser Zahlungsart zu zwingen; wenn ihm aber die Gesetze nicht erlauben, mit Metallen oder Geld zu bezahlen, so wird er in den Fällen der erstern Art einen für ihn und also auch für die Nazion kostbarern Weg einschlagen müssen, um seinen Verbindlichkeiten genug zu thun.

§ 117.

Da man zum Theil die Unwirksamkeit und Unzweckmäßigkeit dieser Anordnungen einsah, so wollte man den Zweck (§ 115.) durch Umwege erreichen und verband Begünstigungen für die Ausfuhr andrer Waaren, nur nicht der edeln Metalle mit Erschwerungen der Einfuhr ähnlicher ausländischer Waaren, in der Erwartung: daß dann das Ausland die mehr erhalt nen Waaren mit edeln Metallen bezahlen sollte; hieraus entstanden die bekannten und so oft mißverstandenen Berechnungen der sogenannten Handelsbilanzen.

§ 118.

Der Zweck der Handelsbilanzen kann doppelt seyn:

1) Man will erforschen, ob der Werth aller aus einem Lande ausgeführten Waaren (ohne Unterschied, also auch die edeln Metalle eingerechnet) größer oder geringer sey,

als

als der Werth der in das Land eingeführten; eins von beiden kann, bei bestehender Handelsfreiheit (§ 97.) nur dann statt finden, wenn von der einen Seite Geschenke oder von der andern Betrügereien erfolgt sind; denn so wenig ein einzelner Mensch als eine ganze Nazion wird mit gutem Willen einen größern Werth gegen einen geringern vertauschen.

2) Man will erforschen: wie viel unter den ein- und ausgegangenen Waaren sich Gold und Silber oder Geld befindet; da dieses nun auf geradem Wege nicht erforscht werden kann (§ 116.), so setzt man voraus: daß die Nazion, welche von Waaren andrer Art mehr an Werth erhalten als gegeben hat, diesen Werth mit edeln Metallen ersetzen werde; diese Voraussetzung ist aber nur dann richtig: wenn die fremde Nazion durch einen solchen Tausch wohlfeiler zum Ziele kommt, als durch einen Tausch mit andern Waaren, und in den mehresten Fällen wird es dem Vortheile der rechnenden Nazion selbst zuträglicher seyn, andre Waaren im Tausch zu erhalten.

— Wie wenig man sich auf die materielle Richtigkeit der Aus- und Einfuhrlisten verlassen könne, ist bekannt genug, und muß vorzüglich dem bekannt seyn, der die Zoll- und Acciseeinrichtungen und die Quellen kennt, aus denen diese Listen geschöpft und zusammengesetzt werden.

— Der Kaufmann, der für seine übersendeten Waaren andre Waaren (nicht Geld) zurück erhält, gewinnt ausser dem Profit des doppelten Verkaufs allemal die Transportkosten, die bei Bezahlung mit Geld weder ihm, noch der Nazion ersetzt werden.

— Wie die Handelsbilanz reell nachtheilig werden kann s. § 97.

§ 119.

Wenn aus unverdächtigen Kennzeichen bemerkt wird: daß die Quantität der edeln Metalle in der Nazion gegen sonst abgenommen hat, so kann

1) der bei andern Nazionen gestiegene Werth der edeln Metalle gegen andre Waaren Veranlassung dazu seyn, und die Nazion wird dann durch die Vertauschung derselben gegen Waaren andrer Art in der That reicher werden.

2) Es können aber auch in der staatswirthschaftlichen Verwaltung oder in den Op

razionen der Regierung. Ursachen liegen, welche einen solchen Ausfluß der edeln Metalle vermehren; und in diesem Falle werden Aus- und Einfuhrverbote die unwirksamsten Maaßregeln seyn.

— Schwedens neuere Geschichte ist hierin sehr belehrend.

— Die gewöhnlichsten Veranlassungen der zweiten Art sind: großer Reichthum Einzelner neben großer Armuth der Uebrigen; große Ankäufe der Regierung im Auslande, oder große Verschwendung der Regenten in fremden theuren Waaren.

§ 120.

Wenn die Regierung durch Einfuhrverbote fremder Waaren die Nazion bewegen oder zwingen will, dergleichen Waaren nicht zu kaufen und nicht zu genießen, so ist folgendes zu bedenken:

1) Der Mensch ist — bei übrigens gleichen Verhältnissen — der thätigste und arbeitet für die Vermehrung seines Vermögens am eifrigsten, der sein erworbenes Vermögen zu beliebigem Genuß anwenden kann; die Regierung wird also der Thätigkeit und Arbeitslust ihrer Bürger durch solche Ein-

schränkungen ein grosses Hinderniß in den Weg legen.

2) Eine Nazion kann nie mehr ausländische Waaren konsumiren, als sie mit inländischen einzutauschen im Stande ist (§ 118.) und wenn der Fall § 119. 2. eintritt, so wird die Hinwegschaffung der schädlichen Veranlassung zu solchen Mißverhältnissen überall ein zweckmäßigeres und humaneres Mittel seyn, als Einfuhrverbote, welche nur zur Uebertretung reizen.

3) Die Ausländer, von denen wir nun weniger Waaren als sonst verlangen, werden auch von uns weniger Waaren eintauschen können als vorher; und wenn alle Regierungen dieses Sistem befolgten, so müßte es zur Verarmung aller Nazionen führen.

4) Wenn die Begünstigung einer fremden Nazion gegen die übrigen in Hinsicht auf Handel und Waareneinfuhr ebenfalls auf der falschen Ansicht von dem Werth der edeln Metalle (§ 118. 2.) und nicht auf politischen Gründen ruhet: so ist sie eben so philosophisch, als der Vorsatz eines einzelnen Produzenten oder Kaufmanns: niemals Waaren gegen Geld, sondern nur wieder gegen Waaren zu kaufen, den auch

der reichste nicht lange wird ausführen können.

5) Wenn die Regierung die Konsumzion der von der Nazion selbst erzeugten Waaren dadurch befördern will, daß sie den ausländischen Waaren derselben Art die Konkurrenz verbietet; so gibt sie einem Stande der Nazion ein Monopol gegen die übrigen, und schränkt nicht bloß die Freiheit des Genusses ein, sondern macht zugleich den nun zwangsweise eingeführten Genuß für die einzelnen Konsumenten theurer und also für das Ganze geringer; sie macht ihre Nazion ärmer an Waaren und an Lebensgenuß; führt gegen andre Nazionen heimliche Kriege; bewegt sie zu Repressalien, und — mancher blutige Krieg der Nazionen fand schon hierin seine Entstehung.

§ 121.

Eben so häufig finden wir, daß Regierungen durch Begünstigungen und Prämien die Ausfuhr solcher Waaren zu befördern suchten, an deren Preise die Arbeit und der Kapitalgewinn mehr Antheil haben, als der Werth der dazu gebrauchten rohen Produkte. — Bei denen der immaterielle Werth größer ist, als der materielle. — Hierbei ist folgendes in Betrachtung zu ziehen:

1) Wenn die Begünstigungen so beschaffen sind, daß sie die Lasten der übrigen Staatsbürger vermehren; (Abgabenfreiheit, Kantonfreiheit und Exemzionen von andern sonst gemeinen Lasten) so wird ein Theil der Staatsbürger bedrückt, um dem Auslande mehr Genüsse zu verschaffen, oder ihm die Waaren, welche es bedarf, wohlfeiler zu liefern.

2) Wenn Prämien für die Ausfuhr gegeben werden, so können sie nur vom Nazionalvermögen genommen seyn, zu dessen Vermehrung man doch wirken will; auch müssen diese Prämien so hoch seyn, daß sie den Arbeiter und den Unternehmer für die Schwierigkeiten entschädigen, die bei den vorherigen Verhältnissen die Ausfuhr solcher Waaren verhinderten; denn sie würden, wenn sie geringer wären, ihren Zweck ganz verfehlen. Dann aber wird die Arbeit in der Nazion bloß um der Prämie willen unternommen, und die Nazion wird verleitet: Gewerbe, die an sich weniger Ertrag geben, andern für ihr Vermögen einträglichern vorzuziehen.

3) Die inländischen Käufer solcher begünstigten Waaren müssen dieselben wenigstens um den Betrag der Prämie theurer bezahlen, als die Ausländer: da diese Waaren in der Regel nur zu dem durch die Prämie erhöheten Preise hervorgebracht werden können, und da Prämien auf die Ausfuhr gewisser Waaren Einfuhrverbote derselben voraussetzen; die Nazion verliert also doppelt:
   a) indem sie die Waaren, welche sie selbst konsumirt, theurer bezahlen muß, als wenn sie dieselben von Ausländern kaufen könnte;
   b) indem sie die Ausländer dafür bezahlen muß: daß sie ihren Fabrikanten dergleichen Waaren abkaufen.

4) In der Berechnung des Vortheils, den die Nazion von dem Verkauf solcher Waaren zieht, ist noch der große Fehler: daß der Preis, den der Ausländer bezahlt, nur so viel oder wenig mehr beträgt, als die rohen inländischen Produkte gekostet haben, welche die Arbeiter während der Zeit ihrer Arbeit verzehrten; und es ist inkonsequent, wenn aus Vorsicht, daß die Nazion nicht Mangel leiden soll, die Ausfuhr der noth-

wendigen Lebensmittel unmittelbar verboten und dennoch die Ausfuhr derselben in einer andern Gestalt nicht nur erlaubt, sondern sogar durch Prämien begünstigt wird. (§ 111.)

§ 122.

Zuweilen haben auch die Regierungen durch Begünstigung oder Belohnung der Ausfuhr des Getreides, oder durch Verbote der Einfuhr desselben der Produkzion nützlich werden und durch sie den Wohlstand der Nazion befördern wollen. Dergleichen Begünstigungen und Belohnungen der Ausfuhr können nur, wie alle Maaßregeln der Art, auf Kosten der übrigen Stände und Gewerbe wirken und die Einfuhrverbote geben den Einwohnern, welche Getreide kaufen müssen, Veranlassung zu gegründeten Beschwerden; erheben in Grenzgegenden, die nicht fruchtbaren Boden haben, den Getreidepreis über den natürlichen Werth und wirken zum Theil als Monopole, wenn auch nicht in dem Grade, wie die Einfuhrverbote der Industriewaaren: da die Quantität des zu produzirenden Getreides zum Theil von Umständen abhängig ist, die nicht in der Gewalt der Menschen stehen.

§ 123.

Da die Geschichte Beispiele von Staaten aufstellt, deren Bürger durch den Handel große Reichthümer erwarben, so bewog dies viele Regierungen zu dem Bestreben: auch ihren Völkern diese Gelegenheit zu verschaffen, und sie entweder zur Betreibung dieses Gewerbes zu ermuntern und dabei zu unterstützen, oder dieses Gewerbe für sie einträglicher zu machen; ja man hat sogar das Handelsgewerbe als die Grundlage eines staatswirthschaftlichen Sistems für große Staaten aufgestellt.

§ 124.

Der für eine jede Nazion unentbehrlichste und vortheilhafteste Handel ist der innere Handel, oder der Tausch der im Lande selbst erzeugten Waaren gegen einander; denn dieser gibt den vorhandenen Gütern Werth und vermehrt durch Nachfrage die Produkzion eben so sehr, als er durch vermehrtes Angebot den Genuß derselben erleichtert. Da in diesem Handel kein Verhältniß mit dem Auslande unmittelbar in Betrachtung kommt, so entstand häufig die Meinung: daß er das Vermögen und den Reichthum einer Nazion nicht vermehren könne, und so finden wir nicht selten neben Begünstigungen und Aufmunterungen des auswärtigen Handels die Vernachlässigung und Bedrückung dieses vortheilhaftesten aller Handelsgewerbe.

§ 125.

Man hat oft den inländischen Zwischenhandel (gewöhnlich Auf- und Vorkäuferei genannt) darum erschwert oder ganz verboten: um dem Konsumenten den Vortheil zuzuwenden, welchen der Zwischenhändler genießt, der von dem Produzenten die Waaren einkauft, um sie dem Konsumenten wieder zu verkaufen. Dieser Zweck kann in einem kleinen Distrikte für die in demselben in der ersten Einfachheit der Gewerbe produzirten Bedürfnisse erreicht werden, und hier wird auch im natürlichen Gange der Dinge dieses Gewerbe für dergleichen Bedürfnisse sich gar nicht finden; wenn aber die Gewerbe und Bedürfnisse vervielfacht und durch Anwendung von größern Kapitalen vervollkommt werden; so können die Produzenten und die Konsumenten, wenn sie ihren wahren Vortheil verstehen, gern solche Zwischenhändler für ihre Mühe bezahlen, und sie werden Vortheil davon haben, wenn dieses Gewerbe selbst im Wohlstande steigt.

— Die Kaufleute in Handelsstädten bezahlen um ihres eignen Vortheils willen Mäkler sehr gut, die doch nur in einer und derselben Stadt Käufer und Verkäufer einander näher bringen; um wie viel größer ist dieses Bedürfniß für ein ganzes Land! — Der Zwischenhandel ist darum für Produzenten und für Konsumenten gleich vortheilhaft: weil er beiden Zeit und Mühe erspart, sich einzeln aufzusuchen; ausserdem setzt er den ersten durch baldige Bezahlung in den Stand: sein Gewerbe regelmäßig und mit Kraft fortzusetzen, und also mehr zu produziren, als er ohne Dazwischenkunft des Verkäufers im Stande gewesen wäre; und dem letzten verschafft er die Waaren zu dem möglich wohlfeilsten Preise, nach welchem dieser ohne ihn bei allen Produzenten sich erst erkundigen müßte. — Viele Produkte der Landwirthschaft werden gar nicht entstehen, wo dieser Zwischenhandel nicht erlaubt ist: da es einzelnen kleinen Grundbesitzern nicht möglich und für sie nicht wirthschaftlich seyn würde, mit kleinen Quantitäten einen Markt oder Käufer zu suchen. (Geflügel, Eier, Obst, Gartengewächs, Hopfen, Flachs ꝛc.)

§ 126.

Der Aus- und Einfuhrhandel wurde von den Regierungen mehr begünstiget, aber doch mehrentheils nur auf einige Waaren eingeschränkt; je nachdem man sich von dem Verkauf oder Einkauf derselben Vortheile für die Nazion versprach. Wenn man bloß dabei stehen geblieben wäre, die Aus- und Einfuhr überhaupt einem Jeden zu erlauben: so würde die Nazion — wenn sie schon Kapitale genug besaß, die mit Vortheil in diesem Gewerbe angelegt werden konnten — unstreitig dadurch gewonnen haben: daß ihre auszuführenden Waaren zu dem möglich höchsten Preise und ihre einzuführenden Bedürfnisse zu dem möglich niedrigsten Preise bezahlt worden wären. Aber man ging weiter und wollte der Nazion die Handelsprofite, welche an der Aus- und Einfuhr gemacht werden konnten, ausschließlich vorbehalten, man schloß also andre Nazionen und fremde Kaufleute ganz oder zum Theil von diesem Gewerbe aus; oder wenn der für das Land aus solchen Anordnungen entstehende Schade schnell sichtbar wurde, so erschwerte man doch den Fremden dieses Gewerbe.

§ 127.

Ein solches Verfahren muß folgende Wirkung haben:

1) Wenn die in der Nazion vorhandenen Kapitale mit größerm Nutzen auf inländische Produkzion und auf inländischen Handel gewendet werden können: so wird die Nazion größern Vortheil haben, wenn fremde Kapitale in dem Aus- und Einfuhrhandel angelegt werden; wenn man aber diese Anlegung fremder Kapitale stört oder erschwert, so werden die an sich vortheilhafteren Erwerbszweige die Kapitale zu dem neuen erzwungenen Gewerbe hergeben und die Nazion wird den Inländern, die dasselbe nun betreiben, größern Profit geben müssen als sie den Ausländern gab: um die Nutzung dieser Kapitale mit der vorherigen Nutzung derselben ins Gleichgewicht zu bringen; es wird also auf diesem Wege die Produkzion werthvoller Güter vermindert, in der Absicht, den Handel mit denselben zu vermehren!

2) Wenn eine Regierung den Zweck erreicht und alle auswärtige Kaufleute aus diesem Handel verdrängt: so gibt sie dadurch ihren eignen Kaufleuten Monopolrechte gegen die

Nazion, die nun gezwungen ist, nur an sie zu verkaufen und von ihnen zu kaufen, wenn sie auch bei den Ausländern bessere Preise erhalten kann. So verwechselt man häufig den Profit der Kaufleute mit dem Vortheil, den der Aus- und Einfuhrhandel ganzen Nazionen verschaft.

— Eine an Kapitalen reiche Nazion erzeigt einer andern Nazion diesen Dienst mit 3, 4, 5 Prozent Profit, wenn die Kaufleute einer an Kapitalen armen Nazion 10 und mehr Prozent dabei gewinnen müssen.

— Noch größer wird der Schade für die Nazion, wenn ihre Kapitale durch künstliche Mittel zu dem Frachtfuhrhandel, der ausländischen Rhederei ꝛc. gezogen werden: indem sich inländische Gewerbe aus Mangel an Kapitalen vermindern.

— Im a) inländischen Handel dienen alle darin angelegte Kapitale ganz zum Vortheile des Inlandes. Im b) Aus- und Einfuhrhandel nur die Hälfte derselben, welche den Ausfuhrhandel besorgt, da die andre Hälfte, welche die Einfuhr bestreitet, im Auslande zirkulirt; endlich im c) Frachthandel bleibt nur der Profit des Unternehmers für die Nazion und das ganze Kapital dient dem Auslande.

Es werden also im Zustande der Freiheit aller Gewerbe nur die Nazionen die leztre Art des Handels mit Vortheil treiben, bei denen alle andre Gewerbe, (also auch a und b) mit Kapitalen hinlänglich versehen sind.

§ 128.

Zur Beförderung des Handels, oder vielmehr zur Verminderung der Kosten, welche der Tauschhandel verursacht, dienen vorzüglich Giro- oder Depositobanken, welche auch in vielen großen Handelsstädten angelegt worden sind. Sie gedeihen am besten, wenn die Regierung sie bloß mit ihrem rechtlichen Beistande unterstützt und den Unternehmern derselben die Einrichtung und den Gebrauch dieses Hülfsmittels allein überläßt. Eine Zettel- oder Zirkulazionsbanke mit dieser Anstalt zu verbinden, ist bedenklich, und die Regierung sollte das Recht dazu Privatpersonen nicht unbedingt zugestehen: weil hierbei der sonst so wohlthätig wirkende Kredit zum Schaden der Nazion von Einzelnen gemißbraucht werden kann. Die Regierung wird wohl thun, wenn sie das Recht, eine Zettelbanke zu etabliren, sich allein vorbehält und nur dann und in dem Maaße eine solche Anstalt etablirt, wenn sie dem Lande unbedenklich vortheilhaft ist.

§ 129.

Wenn die Regierung selbst den Handel im Allgemeinen oder mit einzelnen Gegenständen als ein einträgliches Gewerbe treibt, so schadet sie dem Nazionalvermögen mehr, als sie dem Staatsvermögen nützt; ihre Kasse wird — wie bei allen Gewerben, welche eine Administrazion fordern — mehr Fondskapital und Betriebskapital nöthig haben, auch mehr Aufwand machen und weniger Gewinn ziehen, als der dieses Geschäft auf eigne Gefahr unternehmende Privatmann. Bei dem einmal eingerichteten Bestande solcher Staatsinstitute ist es oft dem einsichtsvollen Manne nicht möglich, den Schaden zu beweisen oder mit Zahlen darzustellen, den ein solches Werk dem Nazionalvermögen thut: indem die Gegenstände (Salz, Taback, Holz, Metalle ꝛc.) welche diese Anstalten umfassen, in der Regel zu Monopolen gemacht werden, so daß es zur Begründung des Urtheils oder der Berechnung an einem Vergleichungsobjekte fehlt; und noch schwieriger ist es, durch Berechnungen zu beweisen, daß der Nazionalgewinn größer seyn würde, wenn der

Han=

Handel überhaupt frei wäre; da diese Freiheit immer nur als eine wissenschaftliche Idee betrachtet wird, gegen welche der Praktiker aus andern nicht zu verwerfenden Gründen im Allgemeinen mißtrauisch ist.

§ 130.

Zur Erleichterung des Handels wird in einem Lande durchgängige Gleichheit der Münzen, Maaße und Gewichte sehr wohlthätig wirken; denn aus dem Mangel dieser Gleichheit entsteht mancher lange fortdauernde Betrug für den Unwissenden und mancher unrechtmäßige Profit, der schwer zu entdecken ist; durch die oft schwierigen Reduckzionen wird den Geschäftspersonen viel nützliche Zeit verdorben, und durch das bei den Gewerben einzelner Provinzen mit einander nöthige Umwechseln des Geldes wird ein Gewerbe etablirt: welches die willkührlich gemachten oder erhaltenen Ungleichheiten wieder gleich zu machen sucht, und das ganz unnöthigerweise von dem Nazionalvermögen erhalten werden muß.

§ 131.

Gerade und bequeme Landstraßen, schiffbare Flüsse und Kanäle vermindern die Transportkosten aller Bedürfnisse sehr: indem weit weniger

Kraftaufwand nöthig ist, um Waaren von einem Orte zum andern zu transportiren, als wenn dergleichen Anstalten nicht, oder in geringerem Maaße vorhanden sind; eine Regierung wird also unstreitig für die Handelsgewerbe des Landes, für den Werth der erzeugten Produkte und für den Genuß der Nazion vortheilhaft wirken: wenn sie dergleichen Anlagen zu Gegenständen ihrer Aufmerksamkeit macht.

§ 132.

Pünktliche und schnelle Befolgung der bestehenden Kreditgesetze, welche allgemein bekannt gemacht und für Jedermann deutlich abgefasset seyn müssen, sind Beförderungsmittel des Handels und der allgemeinen Sicherheit, die einem Lande großen Nutzen bringen: da sie die Zirkulazion vermehren, das Leihen und Borgen erleichtern, und in den Gewerben mit andern Ländern der Nazion so manchen ausserdem nöthig gewesenen Aufwand ersparen. Dergleichen Gesetze müssen aber nicht den Schuldner auf Kosten des Gläubigers begünstigen, (bei Bankerotten, Indulten rc.) gegen Fremde so vollkommen wie gegen Einheimische beobachtet und keine Ausnahmen von der Regel aus andern Rücksichten (z. B. für Staatsdiener) gestattet werden.

§ 133.

Die Anlegung von Messen oder Handelsmärkten mit Freiheitsprivilegien wird gewöhnlich für ein Mittel zur Beförderung des Handels gehalten und kann es auch in einem Lande seyn, wo an keinem andern als dem privilegirten Orte Handelsfreiheit statt findet. Bei allgemeiner Handelsfreiheit in kultivirten Ländern werden neue Anstalten der Art oft dem Handel im Ganzen hinderlich seyn: wenn die Regierung einige Plätze und Städte vorzüglich begünstigen will, um ihnen einen Erwerbszweig zu verschaffen, der ihnen vorher fehlte. Viele Orte sind schon durch ihre Lage zum Handel privilegirt, oder sie sind durch langen Gebrauch, angehäufte Kapitale, gute Gebäude (Magazine, Speicher, Keller rc.) zu einem großen Verkehr gelangt, welches nur des Schutzes aber nicht besonderer Begünstigungen von Seiten der Regierung bedarf. Durch Vermehrung der ohnedem in den mehresten Ländern schon viel zu häufig ertheilten Privilegien werden die Handelswege und Verbindungen zersplittert, und die sonst wichtigen Messen sinken zu armseligen Jahrmärkten herab.

Zweites Kapitel.

Begründung, Erhebung und Sicherung des Staatseinkommens und des Staatsvermögens.

§ 134.

Das nöthige Einkommen der Regierung wird begründet und erhoben:

1) durch einen verhältnißmäßigen Antheil des Territoriums, dessen reiner Ertrag der Staatskasse ausschließlich vorbehalten bleibt; dessen Kultur und Benutzung aber in den Händen und in der Zirkulazion der Staatsbürger seyn kann.

2) durch verhältnißmäßige Beiträge der Staatsbürger zu den Bedürfnissen der Regierung.

3) durch Benutzung gewisser aus dem Begriff der Landeshoheit abgeleiteten Rechte, welche gewöhnlich Regalien genannt werden.

4) durch zinsweise Benutzung gesammelter Kapitale oder Anwendung derselben zur Betreibung besonderer einträglichen Geschäfte.

§ 135.

Die Frage: wie groß die Summe seyn soll, welche die Regierung jährlich zu Bestreitung ihrer Bedürfnisse fordern kann? wird in der Regel nicht nach den Prinzipien der Nazional- oder Staatsökonomie beantwortet; sondern der Bedarf wird nach den politischen Verhältnissen der Staaten bestimmt. Zu einer genauen Auseinandersetzung des Verhältnisses zwischen dem Staats- und dem Nazionaleinkommen fehlt es uns noch an hinlänglichen statistischen Notizen, und nur in neuern Zeiten hat man Versuche gemacht, das Nazionaleinkommen einzelner Staaten zu berechnen.

— S. meine Versuche in den Annalen der preuß. Staatswirthschaft und Statistik und die Betrachtungen über den Nazionalreichthum des preuß. Staats.

§ 136.

Noch weniger ist bis jetzt in der Wissenschaft für die Beantwortung der Frage geschehen: wie sich das Staatseinkommen zu dem Nazionaleinkommen verhalten müsse, um den höhern Zweck der Staatenvereine am besten zu erfüllen? Es finden sich freilich hierbei Schwierigkeiten ganz eigner Art; die Geschichte gibt uns hierin nur Muthmaßungen, aber keine sichere Notizen, auf welche sich bauen ließe und eine Beantwortung aus bloßen Vernunftgründen ist nicht zu erwarten; auch würde sie dem praktischen Staatswirthe nicht genügen. Wahrscheinlich ist es, daß Regierungen bestanden und noch bestehen: welche wenigstens aus einzelnen Provinzen, oder eine Zeitlang die Summe des ganzen jährlichen reinen Einkommens der Nazion als Einkommen des Staats erhoben und verwendeten, und daß andre nach Verhältniß weit weniger von diesem reinen Nazionaleinkommen zur Staatskasse zogen, ohne daß die Regierung und die Nazion eine klare Einsicht in dieses Verhältniß oder in die Gesetze desselben erhalten hätten.

— Die preuß. Staatskasse zog vor dem Kriege 1806, 40 Prozent von dem jährlichen r e i n e n Einkommen der Nazion.

§ 137.

Auch ist das Verhältniß der vier verschiedenen Erhebungsarten des Staatseinkommens (§ 134.) gegen einander ein Objekt der Wissenschaft, das selten beachtet und untersucht wird; die Bestimmung desselben ist ein Gegenstand der Statistik, welche auch in diesem Kapitel eine unentbehrliche Hülfswissenschaft für den Staatswirth ist; da sie ihm zeigen muß: wie dieses Verhältniß in den verschiedenen Staaten sich verschieden findet, und ihn so durch Zusammenstellung auf fruchtbare Resultate leiten kann.

A.

Domänen.

§ 138.

Der Antheil des Territoriums, dessen gänzlicher Ertrag zu Bestreitung des Staatsaufwandes bestimmt ist, erhält gewöhnlich ausschließlich die Benennung Domänen, und besteht aus Aeckern, Wiesen, Gärten, Weiden, Waldungen, Jagden, Fischereien und ähnlichen Nutzungen.

§ 139.

Das Verhältniß der Domänen zu dem ganzen Territorium der Nazion ist in den verschiedenen Staaten und in den einzelnen Provinzen derselben sehr verschieden. Die Staatswirthschaftslehre kann das zu viel oder zu wenig nur nach der Art der Benutzung derselben bestimmen; indem in solchen Staaten, wo sie schlecht benutzt werden, es vortheilhaft für das Nazionalvermögen seyn wird: wenn die Regierung wenig oder gar keine Grundstücke besitzt.

§ 140.

Ein Staat, dessen reines Nazionaleinkommen aus Grund und Boden doppelt so viel oder vielleicht weniger beträgt, als der jährliche Staatsaufwand in Summe erfordert, ist im Stande: seine bis dahin regelmäßig aufgebrachten jährlichen Bedürfnisse ganz durch Vermehrung der Domänen und vortheilhafte Verwendung derselben aufzubringen, und alle Abgaben auf Gewerbe und Personen zu entbehren. Die Art, wie die Domänengrundstücke ohne Nachtheil für das Nazionalvermögen vermehrt werden können, ist nach der Verfassung der Länder verschieden. (Einziehung eröfneter Lehn, Ankauf rc.)

§ 141.

Aecker, Wiesen, Gärten und Weiden (Landgüter, Vorwerke) werden gewöhnlich in Zeit- oder Erbpacht ausgethan und dienen so einer Anzahl Staatsbürgern zum Unterhalt und Erwerb.

Administrazion derselben durch besoldete Offizianten ist eine mißliche Benutzungsart, indem das Interesse der Regierung mit dem der Administratoren schwer übereinstimmend gemacht werden kann. Die Verpachtung auf kürzere oder längere Zeit hindert mehr oder weniger die Fortschritte der Kultur und die Anwendung von Fleiß und Kapital auf die Grundstücke; Vererbpachtung vereiniget das Interesse der Regierung mit dem Interesse des Erbpächters und mit der steigenden Kultur des Grundstücks am sichersten.

§ 142.

Die Vererbpachtungen mit vollkommenen Eigenthumsrechten tragen in kultivirten und wohlhabenden Ländern der Staatskasse oft beträchtliche Summen als Kaufgeld für Gebäude und für die Inventariumsstücke ein; welche bei der Administrazion oder der Zeitverpachtung der Regierung kein Einkommen geben, sondern noch Erhaltungskosten verursachen.

§ 143.

Der festzusetzende jährliche Erbpachtskanon kann in Gelde oder in Naturalien angenommen werden; im erstern Falle ist er den Preisschwankungen, denen die edeln Metalle in einem län=

gern Zeitraume mehr ausgesetzt sind, als die Naturalien, unterworfen; im zweiten Falle muß die Regierung häufig kaufmännische Geschäfte übernehmen, welches ihrer Würde und der Sicherheit ihres Einkommens entgegen ist; am sichersten geht sie den Mittelweg: den Werth des in Naturalien bestimmten Kanons für einen gewissen Zeitraum in Gelde festzusetzen.

§ 144.

Die Waldungen, welche die Regierung besitzt, werden in der Regel administrirt; diese Verwaltungsart hat die Folge, daß die Kultur und der Ertrag derselben gewöhnlich sehr ärmlich ist; es wird daher in den mehresten Fällen für das Staats- und für das National-Vermögen von gleich gutem Erfolg seyn: wenn sich die Regierung von diesen Domänen auf die vortheilhafteste Art losmachen und sie der Nazionalindustrie übergeben kann, welche weit größern Nutzen aus ihnen zu ziehen im Stande ist, als die besoldeten Offizianten und die Staatskasse.

§ 145.

Die Besorgniß, daß eine Nazion dann leicht Mangel an nöthigem Holz leiden könnte, ist ungegründet; so bald Freiheit der Gewerbe statt findet. Das Bedürfniß der Konsumenten und das Interesse der Grundeigenthümer, verbunden mit den Spekulazionen der Handelsleute wird hier das wahre Verhältniß des Bestandes zur Nothdurft hervorbringen, welches überall fehlt: wo die Waldungen nach andern Prinzipien als den einer verständigen Landwirthschaft beurtheilt und behandelt werden.

§ 146.

Fischereien und Jagden werden in der Regel ebenfalls am vortheilhaftesten für die Staatskasse und für den Wohlstand der Nazion durch Vererbpachtung genutzt; die Administrazion derselben ist noch bedenklicher, als bei gewöhnlichen Landgütern: indem bei den Fischereien der Ertrag für die Staatskasse äusserst gering und bei den Jagden die Sicherheit des Eigenthums der andern Grundeigenthümer zu sehr gefährdet seyn wird; die Zeitverpachtung vermindert den Ertrag beider Nutzungen oft augenscheinlich.

B.

Abgaben.

§ 147.

Die Abgaben oder Steuern, welche die Regierungen von den Nazionen verlangen, sind in der Regel von alten Zeiten her ohne wissenschaftliche Prinzipien eingeführt:

1) Nach Verschiedenheit der ehemaligen und fast überall gestiegenen Bedürfnisse der Regierungen.
2) Nach der Gewalt, welche die Regierung zur Zeit über einzelne Stände hatte.
3) Nach den Begriffen, welche man dermalen vom Nazionaleinkommen und Nazionalvermögen hatte.
4) Nach zufälligen Gelegenheiten, welche diesen oder jenen Gegenstand der Regierung als steuerbar oder einträglich darstellten.

Man hat auf mancherlei Art in den neuern Zeiten die Steuersisteme auf gerechte und billige Prinzipien zu bauen gesucht, und man nahm bald a) das Vermögen oder den Besitz, b) das Einkommen und den Erwerb, und bald c) die Konsumzion der Steuerpflichtigen zum Maaßstabe der aufzulegenden Steuern an.

§ 148.

Bei allen Steuersistemen findet die allgemeine Regel statt: daß die Wirkungen einer schon von Alters her bestehenden Steuer ganz anders sind, als die einer neu einzurichtenden. Vorzüglich ist diese Regel bei den Klagen über Ungleichheit der schon eine Zeitlang bestehenden Steuern zu beachten; indem nach diesen seit einer langen Reihe von Jahren alle Verhältnisse der einträglichen und besteuerten Gegenstände und Gewerbe sich schon so eingerichtet haben: daß eine Abänderung dieses Sistems, wenn es nicht die Steuer in der Quantität überhaupt vermindert, immer bedenkliche Folgen haben muß. Bei den Steuern, deren Einfluß auf das Vermögen der Nazion vorübergehend und nicht dauernd ist, wird das Alter ein wichtiger Grund seyn, sie beizubehalten; und ein Staat, der in seinem Steuersistem oft Veränderungen vornimmt, wird dem Wohlstande der Nazion mehr schaden — wenn er auch verhältnißmäßig weniger von seinen Bürgern verlangt — als ein andrer bei übrigens gleichen Umständen, der nach einem alten immer gleich gebliebenen Sistem etwas mehr von seinen Bürgern zieht.

§ 149.

Wenn aber die Regierung in die Nothwendigkeit versetzt wird, die Steuern erhöhen zu müssen, und bei dieser Erhöhung einen ungleichen und unverhältnißmäßigen Steuerfuß, der nur durch sein Alter gerechtfertiget werden kann, zum Grunde legt: so wird die Ungleichheit und Unbilligkeit der Vertheilung um desto größer und schädlicher, je mehr der schon absolut zu stark belastete nun verhältnißmäßig noch mehr belastet wird, als der vorher schon absolut begünstigte.

— Vorzüglich ist dies auffallend bei den Grundsteuern. Wenn nach einer bei Aufnahme der Steuer schon falsch gewesenen Vertheilung der Ertrag eines Grundstücks und also auch die Steuer desselben zu niedrig angesetzt worden ist: so hat das in der Folge der höhere Kaufpreis, den der jetzige Besitzer für dasselbe bezahlen mußte, in der Regel ins Gleichgewicht gebracht. Bei einer allgemeinen Verdoppelung dieser Steuer nach demselben Kataster wird aber die Ungleichheit und Unbilligkeit doppelt so groß werden.

§ 150.

Eine jede Steuer an den Staat betrachtet der Steuerpflichtige als ein nothwendiges Uebel, um größern Uebeln dadurch vorzubeugen, die für ihn muthmaßlich entstehn würden, wenn er sich dieser Steuer entzöge; auch die Regierung kann die ihren Bürgern aufgelegten Steuern nicht anders betrachten, und die beste Steuer wird immer die seyn, welche die wenigsten Uebel mit sich führt, und welche von den Verpflichteten die wenigsten Entbehrungen verlangt. Die Regierung wird also, wenn sie zum vermeintlichen Besten der Nazion eine neue Steuer auflegt, oder eine alte erhöhet, gar wohl in Ueberlegung zu nehmen haben: ob der in der Regel nur zu hoffende Vortheil der Nazion dem in der Regel gewissen Uebel einer neuen Steuer das Gleichgewicht hält.

§ 151.

Ob die Steuern, welche die Regierung von den Staatsbürgern verlangt, jährlich nach den jedesmal voraus berechneten Bedürfnissen des Staats bestimmt, und so nach einem vorher festgesetzten Steuerfuße eingehoben werden sollen; — oder ob es besser für den Wohlstand der Nazion und für den Zweck der Regierung ist: das einmal angenommene Steuerquantum als fortlaufend und dauernd anzunehmen? ist eine Frage, welche die mehresten Staaten durch ihre Verwaltung zum Vortheil der beständig dauernden Steuern entschieden haben. Es würde freilich der Natur des Gegenstandes am angemessensten seyn: die Bedürfnisse des Staats, welche sich in vielen Titeln nicht gleich bleiben, auf einen gewissen Zeitraum — und darnach die Steuerquote festzusetzen; aber die jetzt übliche so sehr verwikkelte Finanzadministrazion der Staaten, die Schwierigkeit, welche die Zirkulazions- und Konsumzionssteuern diesem Sistem entgegensetzen, das nur auf Grund- und Kopfsteuern eigentlich anwendbar ist, machen den Wunsch unerreichbar: daß die Regierung nur mit strenger Oekonomie von den Staatsbürgern für jedes Jahr so viel fordern möchte, als der Zweck des Staats nothwendig verlangt.

— In den deutschen Staaten findet sich, bei landständischen Verfassungen noch im Einzelnen die alte ursprüngliche Steuererhebungsart; in ältern Zeiten wurden auch selbst Konsumzionssteuern nur auf eine gewisse Reihe von Jahren gefordert; aber die nothwendig gewordene stehende Kriegsmacht hat auch die sonst ausserordentlich auf-

aufgelegten Steuern zu stehenden gemacht.

§ 152.

Die Forderungen, welche man in Hinsicht auf die möglichste Schonung des Vermögens und des Wohlstandes der Nazion an die ordentlichen und fortdauernden Steuern machen kann, sind folgende:

1) Sie müssen nur die jährlichen Einkünfte von den vorhandenen Fonds und Kapitalen, nicht aber die Kapitale selbst treffen; indem sie sonst das Einkommen für die Zukunft verringern und also ihren eignen Zweck vernichten würden.

2) Sie müssen das Geld so lange als möglich in den Händen der Steuerpflichtigen lassen und es nur zu solchen Terminen erheben, wo es durch die Kassen bald wieder in Zirkulazion gesetzt wird; indem sonst der Steuergebende um einen Gewinn gebracht wird, ohne daß die Regierung diesen Gewinn zieht.

3) Sie müssen die Freiheit der Gewerbe und des Handels nicht beschränken; indem sie sonst die allgemeine Quelle des Erwerbs

für die Nazion und also auch ihre eigne Quelle selbst mindern oder verstopfen.

4) Sie müssen in den Lasten und Entbehrungen, welche sie den Steuerpflichtigen verursachen, die möglich größte Gleichheit beobachten; aber die Mittel, diesen Zweck zu erreichen, müssen nicht kostbarer oder drükkender seyn, als der Zweck selbst.

5) Sie müssen den Fleißigen nicht um seines Fleißes willen stärker treffen, als den nicht Fleißigen; indem sie sonst, statt zum Fleiß zu ermuntern, den Antrieb zu demselben unterdrücken.

6) Sie müssen in Hinsicht auf die Quantität, den Ort und den Termin der Zahlung genau bestimmt und allgemein bekannt seyn; indem sonst der Steuerpflichtige nicht einen richtigen ökonomischen Anschlag über seine Ausgaben machen kann, und der Willkühr der Einnehmer zu seinem Schaden überlassen wird.

7) Sie müssen so eingerichtet seyn, daß sich ihnen kein Steuerpflichtiger durch Betrug, Bestechung oder Entfernung entziehen kann; indem sie sonst nur den rechtlichen und gewissenhaften Bürger treffen und den betrügerischen und gewissenlosen unbesteuert lassen.

8) Sie müssen mit dem möglich geringsten Aufwande erhoben werden, um der Nazion nicht Kosten zu verursachen, welche der Regierung nicht zu gut kommen.

9) Sie müssen bei ihrer Einhebung nicht durch lästige Formalitäten beschwerlich gemacht werden; indem diese dem Geber oft unangenehmer sind, als die Abgabe selbst.

10) Die Zahlungstermine müssen zu solchen Zeiten angesetzt seyn, wo der Steuerpflichtige am besten im Stande ist, die Abgabe zu bezahlen.

§ 153.

Wenn von der Nazion Beiträge in Naturalien, oder Naturalverpflichtungen zum Besten der Staatskasse gefordert werden, so kann ein solches Steuersistem nur da Rechtfertigung finden, wo die Zirkulazion aus Mangel an Geld oder an Gewerben so gering ist: daß es einem Jeden schwer wird, Geld zu den nöthigen Abgaben durch Arbeit oder Verkauf seiner Güter zu erhalten. In ältern Zeiten und bei Nazionen, wo dieses statt fand, war ein solches Steuersistem zweckmäßiger, als wenn die Abgaben und Verpflichtungen mit Geld hätten bezahlt werden sollen; indem lang dauernde Reste oder unverhältnißmäßiger Verlust Einzelner die unausbleiblichen Folgen gewesen seyn würden. In den neuern Staaten hingegen werden Naturalabgaben und Naturalverpflichtungen in den mehresten Fällen den dazu Verpflichteten mehr kosten, als sie der Regierung einbringen, und die mehresten der angegebenen Forderungen einer guten Steuerverfassung können dabei nicht erfüllt werden.

§ 154.

Die Real- und Personalverpflichtungen und Abgaben einzelner Staatsbürger gegen andre Mitbürger — oder die mittelbaren Steuern — müssen überall unter der Kontrolle der Regierung stehen: so daß die darüber abgeschlossenen oder abzuschließenden Kontrakte bei den dazu angeordneten Staatsbehörden zur Beurtheilung und Bestätigung vorgetragen werden müssen. Keine Forderung oder Verpflichtung der Art kann als gültig angenommen werden, wenn sie nicht durch einen gerichtlich bestätigten Kontrakt festgesetzt ist. Es gelten hier übrigens dieselben Regeln, welche bei den unmittelbaren Abgaben und Verpflichtungen angegeben sind; wozu noch kommt, daß mittelbare Naturalabgaben (Holz, Fleisch, Eier ꝛc.) in der Regel unnütze Verschwendung von vielen Konsumtibilien zur Folge haben, indem sie der Berechtigte nicht kauft, sondern (scheinbar) umsonst erhält.

— Die mittelbaren Steuern und Verpflichtungen können durch Anwendung falscher Prinzipien so schädlich auf den Wohlstand der Besteuerten wirken: daß der Staat in Hinsicht auf die unmittelbaren Verpflichtungen der doppelt Steuerbaren mit der Zeit Einbuße leidet.

§ 155.

Ob Abgaben überhaupt fähig seyn können, den Fleiß der Besteuerten zu vermehren, scheint mehr von dem Charakter der Nazion als von der Einrichtung der Abgaben selbst abzuhängen; indessen ist nicht zu läugnen: daß die eine Abgabe mit mehr Wahrscheinlichkeit zur größern Anstrengung der Besteuerten wirkt, als die andre; aber die Regierung wird auch, wenn sie diese glückliche Wirkung einer Steuer für die Erhöhung der Steuer selbst benutzen will, diese Wirkung wieder vernichten. Erwerbs- und Konsumzionssteuern, die nicht zu hoch sind und in kleinen Porzionen erhoben werden, scheinen am ersten diese glücklichen Folgen zu haben; jedoch in der Regel nur dann: wenn die Regierung den ausländischen Industriearbeitern die Konkurrenz mit den inländischen offen läßt; indem dann den Inländischen die Aussicht benommen oder vermindert wird, die Steuern mit geringerer Mühe von den Käufern ihrer Arbeit einziehen zu können.

§ 156.

Die Frage, ob besoldete Staatsdiener steuerfrei seyn sollen, kann nur in der Hinsicht einer Untersuchung bedürfen: daß sich andre Staatsbürger über Unbilligkeit beklagen würden, wenn ein Stand von den allgemein seyn sollenden Lasten ausgenommen ist; denn in der Wirklichkeit muß doch der Staat seinen Dienern durch vergrößerte Besoldung das wieder geben, was er durch Abgaben von ihnen nimmt, wenn einmal der Besoldungsanschlag nach richtigen Grundsätzen gemacht ist; bei verschiedenen Abgaben (Konsumzionssteuern ꝛc.) und bei dem Nutzen, den die Regierung von den Regalien zieht, ist eine solche Ausnahme nicht ausführbar, die auch dann dem Staatsdiener nicht zukommt, wenn er in einer andern Qualität, z. B. als Grundbesitzer unter die Kategorie der Steuerpflichtigen gehört. Bei ausserordentlichen Vermögenssteuern kann weder dem Staatsdiener, noch irgend einem andern Staatsbürger eine Ausnahme gestattet werden.

§ 157.

Da bei allen Arten von Steuern einzelne Ausfälle unvermeidlich sind: indem Zufälle von mancherlei Art den Ertrag des Grundes und Bodens und der Gewerbe auf eine Zeitlang vermindern können; so wird auch die Regierung genöthigt seyn, den steuerbaren Bürgern in einzelnen Fällen Nachsicht zu geben und Erleichterung zu verschaffen: damit sie von dem Verlust sich erholen und ihre Verpflichtungen gegen den Staat für die Zukunft erfüllen können. Die Unglücksfälle, welche dergleichen Verlust bewirken, sind theils einer Assekurazionsvereinigung fähig, theils kann in gewöhnlichen Zeiten ein gewisser Antheil von der ganzen Steuer als Ueberschuß erhoben werden, um unvorherzusehende nothwendige Ausfälle zu decken. Am besten wird sich die Staatskasse und werden sich die Steuerpflichtigen befinden: wenn die Remissionsfälle der Zahl und den Entschädigungssummen nach möglichst vermindert werden können, und wenn die Entscheidung des Anspruchsrechts an Remissionen so bestimmt gefaßt ist: daß von dessen Beurtheilung die Willkühr der Beamten ganz entfernt wird.

I.

Abgaben, welche auf das Vermögen oder den Besitz gelegt sind.

§ 158.

Wenn die Regierung das Vermögen oder den Besitz der Staatsbürger zur Grundlage einer ordentlichen und wiederkehrenden Steuer machen will: so setzt dies eine genaue Untersuchung dieses Vermögens zum voraus, welche mit sehr großen Schwierigkeiten zu kämpfen hat; die Gerechtigkeit fordert aber noch ausser dieser Untersuchung eine Klassifikazion aller vorhandenen Kapitale nach dem Maaßstabe ihres Ertrags, der nach der Qualität derselben so sehr verschieden ist; indem der eine von einem an Quantität gleichen Vermögen einen weit größern jährlich wiederkommenden Ertrag zieht, als der andre, während ein dritter von demselben Vermögen gar keinen Ertrag ziehet. Wenn nemlich das Vermögen des Einen in Landeigenthum besteht, das ihm jährlich Ertrag bringt, so besteht das Vermögen des Andern in Kapitalen, die er zu niedrigen Zinsen ausgethan hat, und das Vermögen des Dritten — wenigstens zum Theil — in Gebäuden und Mobilien, die er bloß zu seiner Bequemlichkeit und gar nicht zu einem Zinsertrage benutzt.

§ 159.

Da ausser dem in Grund und Boden bestehenden Vermögen (dem Grundkapital) einer Nazion, alle Kapitale derselben in Mobilien bestehen, die von einem Orte zum andern transportirt und verborgen werden können, die auch ihrer Natur nach oft ihren Platz verändern, und sich theilweise vermehren und vermindern; so würde eine Regierung, welche dieses Mobiliarvermögen mit einer regelmäßig wiederkommenden Steuer belegen wollte, die Untersuchung des dermaligen Bestandes wenigstens jährlich einmal wiederholen müssen. Eine solche Untersuchung würde die Nazion von der Regierung mehr als das Quantum der Steuer selbst und als alle andre Steuerarten entfernen; zu häufigen Bedrückungen, Bestechungen und Partheilichkeiten Anlaß geben; dem Kredit vieler Bürger, deren Gewerbe mehr durch Kredit als durch Kapitalvermögen betrieben werden, schaden, und viele Kapitale aus dem Lande treiben, welche dem Nazionalvermögen und der Steuer entgehen.

§ 160.

Es gibt einen Weg, auf dem die Regierung von einer solchen Vermögenssteuer, als einer beständigen, beträchtliche Einnahme ziehen und doch die nachtheiligen Folgen vermeiden kann, welche eine genaue Untersuchung des Privatvermögens mit sich führt; wenn nemlich die Regierung einem jeden Staatsbürger die Schätzung seines Vermögens allein überläßt, ohne dessen Bestand zu untersuchen, oder ihn zu einer Angabe desselben zu nöthigen, auf die Art: daß selbst die zur Einnahme dieser Steuer bestellten Offizianten nicht erfahren, wie hoch sich ein jeder selbst geschätzt hat. Dergleichen Steuer, die sich auf die Redlichkeit und Vaterlandsliebe der Staatsbürger verläßt, ist aber nur da anwendbar: wo die Regierung das unbeschränkte Zutrauen der Staatsbürger genießt und wo der Aufwand der erstern, so wie die Nothwendigkeit und Rechtmäßigkeit dieses Aufwandes einem Jeden bekannt ist. Daß diese Erfordernisse auf sehr wenig Staaten passen, zeigt uns freilich die Erfahrung; aber ein jeder Staat kann sich diesen Erfordernissen nähern oder sie erreichen.

— Sie besteht noch in Hamburg.

§ 161.

Da die Regierung durch eine allgemeine und genaue Untersuchung des einem jeden ihrer Bürger zustehenden Vermögens, nur dann ihren Zweck, wenigstens bis zu einem gewissen Grade von Genauigkeit erreichen kann, wenn sich Niemand vorher auf eine solche Untersuchung gefaßt machen kann; so wird eine Vermögenssteuer mit Gleichheit nur als eine ausserordentliche einmalige Abgabe erhoben werden können, welche dann die gute Eigenschaft hat: daß sie an sich selbst, auf den Preis keiner Waare und keines Bedürfnisses Einfluß äussert; nur durch die Besorgniß wegen ihrer Wiederholung kann sie schädliche Folgen für die Gewerbe und die Preise der Waaren haben.

§ 162.

Zu den Steuern, welche vom Besitz erhoben werden, gehört auch die Abgabe, die bei der Veränderung des Besitzes erlegt werden muß; wenn nemlich ein Grundstück oder ein Mobiliarkapital durch Verkauf, Vererbung oder auf andre Art seinen Besitzer verändert. Eine solche Abgabe kann aber nicht von der Staatswirthschaftslehre gebilligt werden, denn durch die Veränderung des Besitzes wird kein neues steuerbares Gut hervorgebracht und die Regierung ergreift nur die zufällige Gelegenheit, da zu nehmen, wo sie etwas zu nehmen findet. Daß eine solche Abgabe nicht dazu dient. das Kaufen und Verkaufen — also die wohlthätige

Zirkulazion — zu begünstigen, ist in die Augen fallend; aber obgleich sie nicht so schädlich ist bei Geschäften, welche von beiden Partheien, dem Käufer und Verkäufer freiwillig unternommen werden: indem diese den Verlust, den ihnen die Steuer verursacht, vorher beurtheilen können — so ist sie es desto mehr bei nicht freiwilligen Besitzveränderungen, wie bei Todesfällen, Konkursen u., und sie trägt dann in vielen Fällen dazu bei: ein unvermeidliches Uebel für den Leidenden noch zu vergrößern, da sie nicht im Stande ist, die Folgen eines solchen Falles zu beurtheilen oder Ausnahmen darauf zu begründen.

— Hierher gehören auch die Abzugs- und Abschoßgelder (§ 39.) die von den aus dem Lande gehenden Mobiliarkapitalen erhoben werden; und die Regierung, welche sie ganz abschaffen wollte, würde für das Nazionalvermögen wahrscheinlich besser sorgen, als die: welche große Vortheile aus dieser Abgabe zu ziehen sucht.

§ 163.

Steuern, die auf den Besitz eines einträglichen Mobiliarguts gelegt werden, welches der Besitzer veräussern und sich dadurch von der Steuer befreien kann, werden nie beträchtlich und immer unsicher seyn; ja sie werden in vielen Fällen (Viehsteuer, Bienenzins) eine so besteuerte Nutzung überhaupt vermindern. Wenn auf Mobiliargüter, welche ihrem Besitzer nichts eintragen, sondern noch etwas zu erhalten kosten, Steuern gelegt werden: so wird hierbei der Maaßstab sehr schwierig seyn und leicht ungerecht werden.

— Wenn auf sogenannte Luxuspferde, Hunde rc. Abgaben gelegt werden, so muß erst bestimmt werden: wo und in wie weit sie zum Luxus zu rechnen sind; welches oft eine sehr schwierige Untersuchung ist.

II.

Abgaben, welche auf das Einkommen und den Erwerb gelegt sind.

§ 164.

Wenn die Regierung hinlängliche Mittel hätte, das jährliche Einkommen eines jeden Staatsbürgers und die Quellen desselben genau zu erfahren, so würde eine Steuer auf diese Notizen gegründet, viele Vorzüge vor andern Steuern haben; da hier die Forderung mit der Zahlungsfähigkeit in das richtigste Verhältniß gebracht werden könnte.

§ 165.

Wenn eine Einkommenssteuer nicht eine willkührliche Schatzung ohne Gerechtigkeit und Verhältniß seyn soll: so muß sie das echte von dem unechten, und das reine von dem Total-Einkommen trennen; denn nur das echte und zugleich reine Nazionaleinkommen kann zur Grundlage der Steuer dienen. Wenn ohne diesen Unterschied ein jedes Einkommen eines Jeden besteuert werden soll, so wird diese Abgabe in vielen Fällen den nicht treffen, den sie treffen soll; sie wird ebendeswegen dem Nazionaleinkommen mehr nehmen, als sie dem Staatseinkommen bringt und sie wird die natürlichen Verhältnisse der Staatsbürger und der Gewerbe aus ihrem wohlthätigen Gleichgewicht unter sich selbst und gegen andre Staaten bringen.

— Als eine einmal zu erhebende Nothsteuer ist die Einkommenssteuer auf die angegebene Art (ohne Unterschied des echten und des unechten Einkommens) zu gebrauchen, und sie wird dann in manchem Betracht noch gerechter seyn, als die Vermögenssteuer (§ 161.)

§ 166.

Das echte (ursprüngliche) steuerbare Einkommen einer Nazion besteht

1) in dem Totalertrage ihres Grundes und Bodens.

2) In dem, was inländische Kapitale und Industriearbeiter an Kapitalgewinn und Arbeitslohn von Ausländern verdienen.

Das reine Einkommen besteht im ersten Falle in dem Antheile des Ertrags von Grund und Boden, der nach Abzug der Kosten, die zur fortdauernden nachhaltigen Kultur desselben erforderlich sind, zur Disposizion des Grundbesitzers und Landwirths übrig bleibt; im zweiten Falle in dem Antheil, der nach Abzug des standesmäßigen Unterhalts der für das Ausland arbeitenden Personen zur Disposizion derselben übrig bleibt.

§ 167.

Das unechte (abgeleitete) oder Zirkulazions-Einkommen besteht in dem Einkommen oder dem jährlichen Gewinn aller der Personen, welche weder durch den Besitz eines Grundstücks, oder durch einen Antheil an einem solchen (vermöge ihrer Kapitale oder ihrer Arbeit) an dem Totalertrage des Grundes und Bodens, noch durch ihre Kapitale und ihre Arbeit an den von Ausländern bezahlten Arbeiten Theil nehmen. Es wird darum unecht, abgeleitet oder Zirkulazionseinkommen genannt, weil es niemals durch Erzeugung eines neuen Produkts, das vorher noch nicht vorhanden war, sondern nur durch Vertauschung der schon erzeugten Produkte gegen Arbeit oder gegen andre schon vorhandene Produkte entsteht.

§ 168.

Nur das echte Einkommen kann steuerbar seyn, und alle Bemühungen einer Regierung, auch das unechte Einkommen zu einer fortdauernden Steuer zu ziehen, werden nur bewirken: daß diese Steuer auf einem hier längern dort kürzern Umwege auf das echte Einkommen fällt; sie wird das letztre um desto mehr drücken: je größer der Umweg ist, auf welchem sich die Besteuerten von denen wieder bezahlt machen, welche echtes Einkommen genießen.

— Wenn man den Herrn, der 5000 Thlr. echtes Einkommen hat, nach diesem Einkommen besteuert, und seine Diener, die er von diesem Einkommen besoldet oder andre Personen, die er für ihre Arbeit bezahlt, ebenfalls nach ihrem Einkommen be-

besteuert: so wird er nach Verlauf einiger Zeit alle Steuern dieser Personen nebst seinen eignen allein tragen; oder die Personen, welche von ihm besoldet werden, müssen einen Theil ihres standesmäßigen Unterhalts verlieren, welches jedoch in der Regel nicht lange bestehn kann (§ 169.)

— Pitt berechnete im Jahre 1799 das jährliche Nazionaleinkommen Englands zu 125 Million Pf. Sterl. Die Einkommensteuer wurde auf 10 Prozent angesetzt und sollte also 12,500,000 Pf. einbringen, aber sie brachte nur 6,200,000 Pf. ein. Das Einkommen aller einzelnen Staatsbürger war gewiß nicht zu hoch berechnet; aber man hatte echtes und unechtes Einkommen untereinander gesetzt und z. B. 15 Mill. für die Staatsgläubiger, 6 Mill. für die Hausbesitzer, welche Miethe ziehen, 2 Mill. für Gelehrte, Aerzte und Juristen rc. aufgenommen. Bei der Einhebung der Steuer sah man die errores dupli, tripli etc.; daher die Differenz um die Hälfte des Anschlags.

§ 169.

Nur der reine Ertrag des echten Einkommens kann rechtmäßig und fortdauernd zur Einkommenssteuer gezogen werden; denn wenn die Abgabe den Totalertrag zum Maaßstabe nimmt und den nicht disponibeln Theil desselben besteuert: so stört sie bei der ersten Art des Nazionaleinkommens (§ 166.) die fortdauernde und nachhaltige Kultur des Bodens, und vermindert bei der zweiten Art dieses Einkommens den standesmäßigen Unterhalt der industriösen Klassen, die für das Ausland arbeiten, und die eine solche Steuer nur zum Schaden des Gewerbes selbst auf die Produkte ihrer Arbeit legen können.

§ 170.

Der standesmäßige Unterhalt einer jeden Klasse kann nur bis auf einen gewissen Punkt vermindert werden (Minimum), wenn diese Klasse ferner bestehen soll; bei einer relativ reichern Nazion wird dieses Minimum nicht so bald erreicht werden, als bei einer ärmern, und darum fallen bei der ersten die Mißgriffe dieser Steuern nicht so stark und so schnell in die Augen als bei der letzten. Wenn die Klassen, welche unechtes Einkommen genießen, nicht Gelegenheit haben, sich durch Verminderung der Konkurrenz, oder auf einem andern Wege von dem echten Einkommen für ihren Verlust bezahlt zu machen: so bringt diese Steuer die an sich schon dürftigsten Klassen zu noch größerer Armuth.

§ 171.

Wenn die Steuer das Detail vermeiden und also nicht das Einkommen eines Jeden untersuchen will: so werden die Erwerbssteuern (Nahrungssteuern) gewöhnlich nach einem gewissen für ganze Klassen, Stände und Distrikte angenommenen Anschlage festgesetzt, und darnach auf die einzelnen Gewerbetreibenden vertheilt. Eine feste Norm hierin, welche sich in eine Art von Kopfsteuer nach dem Erwerb verwandelt, hat viele Vorzüge vor andern, welche zu sehr komplizirt sind; da diese letztern der Willkühr der Staatsdiener, dem Betrug und der Bestechung zu viel Spielraum lassen. Wenn die Gewerbe in Klassen getheilt werden, so daß z. B. ein Kaufmann der ersten Klasse 40, der zweiten 30, der dritten 20, ein Schneider der ersten Klasse 15, der zweiten 10, der dritten 5 Thlr. als Steuer bezahlen muß: so ist nur die Bestimmung, in welche Klasse ein jeder zu setzen seyn wird, den Staatsbeamten überlassen — und auch hier müssen diese bestimmte Instrukzion haben; so wie bei zweifelhaften Fällen immer die niedrigere Klasse der höhern vorgezogen werden muß. Wenn eine Regierung das Sistem der Innungen und der Ein= und Ausfuhrverbote angenommen hat: so ist überhaupt das Verhältniß, in welchem dergleichen Abgaben aufgelegt werden, oder von Alters her aufgelegt worden sind, nicht von großem Gewicht; wenn nur die Gewerbe, welche mit Ausländern konkurriren müssen, oder die ihren Lohn von Ausländern ziehn, von diesen Steuern ausgenommen sind; denn wenn dem Sattler eine größere Steuer aufgelegt ist, als dem Schuhmacher, so werden die Sättel in diesem Lande verhältnißmäßig theurer seyn, als die Schuhe ꝛc.; da alle Gewerbetreibende Klassen Mittel in Händen haben: die von ihnen im voraus bezahlten Abgaben von den Käufern ihrer Waaren, durch Erhöhung des Preises, Verschlechterung der Waaren ꝛc. wieder einzuziehen.

§ 172.

Bei einer Nazion, deren Regierung nicht zu solchen Einschränkungen, welche dem Nazionalvermögen überhaupt nachtheilig sind, ihre Zuflucht nimmt, ist die verhältnißmäßige Vertheilung solcher Gewerbssteuern sehr schwierig. Es wird bei jedem einzelnen Gewerbe untersucht werden müssen: wie hoch die Steuer angesetzt werden kann, ohne den Gewerbetreibenden ihren Erwerb durch die Konkurrenz mit Ausländern in diesem Artikel unverhältnißmäßig zu verringern; und nur die Arbeiter, deren Produkte schwer zu transportiren sind, und die also immer in der Nähe gesucht werden, können eine solche Steuer ohne großen Verlust tragen; denn sie werden sich dieselbe durch die Konsumenten wieder bezahlen lassen, oder durch Verminderung der Konkurrenz den Preis der Arbeit erhöhen können.

§ 173.

Wenn die Regierung auf einige Gewerbe ausschließlich hohe Abgaben legt, weil sie ihnen Monopole und andre ausschließende Privilegien gegeben hat: so macht sie dergleichen Personen gleichsam zu Steuer-Einnehmern mit einem in der Regel sehr ansehnlichen Gehalt und die ganze Summe muß von denen aufgebracht werden, welche durch die Privilegien der Willkühr solcher Personen übergeben sind. Wenn die Regierung von gesetzlich unerlaubten Gewerben hohe Steuern zieht, um Ausnahmen von der Regel zu erlauben: so setzt sie sich selbst zum Mitschuldigen unmoralischer Gewerbe oder schlechter Menschen herab.

§ 174.

Wenn der Staatswirth bei Regulirung der Erwerbssteuern den Ertrag der einzelnen Gewerbe genau ausrechnen und darnach bestimmen will: welches Gewerbe höhere und welches nicht so hohe Abgaben zu tragen im Stande ist; so kann er nur auf die in den Gewerben steckenden oder zu deren Betrieb angewendeten Kapitale Rücksicht nehmen; ausserdem ist der Erfolg in der Regel ein für den Wohlstand einzelner Gewerbe oder für den Verbrauch einzelner Waaren schädlicher Irthum. Bei fest gegründeter Freiheit der Gewerbe wird kein einzelnes derselben wenigstens nicht auf lange Zeit, mehr Profit geben als jedes der übrigen; da die verminderte oder vermehrte Konkurrenz der Verkäufer oder der Käufer immer das natürliche Gleichgewicht in dem Ertrage und dem Profit der Gewerbe erhält.

— Nebenumstände, als: Gefahr in physischer oder ökonomischer Hinsicht; große körperliche Anstrengung, welche erfordert wird; verächtliche Ansicht eines Gewerbes 2c. welche den ökonomischen Ertrag des einen Gewerbes gegen das andre zu vermehren scheinen, liegen gewöhnlich so tief in der Natur der Gewerbe und dem Charakter der Nazion: daß die höhere Steuer mehr die Konkurrenten zu solchen Gewerben vermindern, als den Gewinn von denselben überhaupt schmälern wird.

§ 175.

Wenn der Ertrag der Gewerbe nach den in denselben angelegten Kapitalen geschätzt werden soll, so verlangt die Gerechtigkeit: daß nur die Kapitale zur Steuer gezogen werden, welche dem zu Besteuernden eigenthümlich gehören; indem dieser sonst zur Abgabe von einem Gegenstande gezogen werden würde, welchen er nicht besitzt. Die bei einer solchen Untersuchung sich findenden Schwierigkeiten, vorzüglich in Hinsicht auf den öffentlichen Kredit der Gewerbetreibenden machen diese Steuerart eben so bedenklich und für die Gewerbe nachtheilig, als die Vermögenssteuer (§ 159.)

§ 176.

Wenn eine Einkommenssteuer auch diejenigen, welche von dem Ertrage ihrer Kapitale ein Einkommen ziehen, ohne es selbst zu einem Gewerbe zu benutzen (Rentenirer) treffen soll: so kann das Objekt entweder bei dem Kapitalbesitzer selbst, oder bei dem Benutzer desselben aufgesucht und erforscht werden. Die erste Art der Untersuchung führt zu falschen Angaben, die zweite setzt eine allgemeine inquisitorische Vermögensaufnahme (§ 159.) zum voraus; beide werden den Rentenirer vermögen: seine Mobiliarkapitale aus einem Lande zu ziehen, wo sie ausser der jährlichen Abgabe noch lästigen Untersuchungen unterworfen sind.

§ 177.

Wenn, um den § 175. und 176. angegebenen übeln Folgen vorzubeugen, die Schuldner angewiesen werden, oder es ihnen überlassen wird: einen verhältnißmäßigen Steuerantheil von ihren Gläubigern durch Zurückhaltung der Zinsen einzuziehen; so ist dies für einen großen Staat, wo das Entweichen der Kapitale nicht so leicht zu besorgen ist, ein brauchbarer Ausweg, insofern diese Abgabe alle Gewerbe trifft, in denen Kapitale angelegt werden. Wenn aber in einem solchen Staate die Gewerbssteuern nicht nach dem richtigsten in der Natur der Gewerbe gegründetem Verhältniß angelegt sind: so werden sie die Kapitale zu den am niedrigsten besteuerten oder von der Steuer ganz übergangenen Gewerben ziehen, und die stärker besteuerten werden diese Kapitale einbüßen, wenn deren Betrieb auch für das Nazionalvermögen vortheilhafter seyn sollte als jener.

§ 178.

Steuern, welche auf das Vieh, das zur Kultur und zur Benutzung des Bodens unterhalten wird, gelegt sind, haben für die Kultur des Landes großen Nachtheil: wenn der Steuerpflichtige sich durch Verminderung seines Viehstandes ihnen ganz oder zum Theil entziehen kann. Steuern auf Zug- und Arbeitsvieh sind Vermögenssteuern (§ 163.) und sie sind ungerecht, wenn von dem Grund und Boden, zu dessen Bearbeitung sie gehalten werden, schon Grundsteuer gegeben wird; denn ohne dasselbe würde der Ertrag des Bodens überhaupt nicht möglich seyn. Steuern auf den Ertrag des Nutzviehes verleiten oft den Besteuerten, sich in der Anschaffung und Haltung desselben zum Schaden der Landwirthschaft selbst, die von dem Dünger so großen Nutzen zieht, einzuschränken.

— Der Bienenzins in Preußen verminderte die Bienenzucht und wurde daher theils aufgehoben, theils in eine bleibende Grundsteuer verwandelt.

§ 179.

Man hat auch zuweilen die Viehsteuer im negativen Sinne angewendet und sie so zu einem Beförderungsmittel dieses Erwerbszweiges machen wollen, indem man bestimmte: daß ein jeder Grundbesitzer nach der Größe seiner Ländereien eine gewisse Anzahl Vieh halten, oder für die an der Anzahl fehlenden Stücke eine gewisse Strafabgabe bezahlen müsse. Dieses Verfahren ist der Kultur der Landwirthschaft eben so wenig zuträglich, als die positive Viehsteuer.

1) Es können spezielle Fälle vorkommen, wo ein Grundbesitzer ohne eignes Vieh vortheilhafter wirthschaften kann, als wenn er Vieh hält. (Z. B. in der Nähe einer Stadt.)
2) Wenn Jemand durch Unglücksfälle seinen Viehstand vermindert sieht, oder ganz verloren hat und aus Mangel an Vermögen nicht bald genug den Verlust ersetzen kann: so wird er durch die Abgabe noch mehr gedrückt, und man bestraft ihn dann dafür, daß er kein Vermögen hat.

§ 180.

Die Abgaben von dem Ertrage des Grundes und Bodens — Grundsteuern — sind —

wenn sie vom reinen Ertrage genommen werden und diesen nicht übersteigen — eiu Abzug vom Kapitalwerth der Grundstücke, auf denen sie haften, welchen der erste Verkäufer ein für allemal bezahlt hat; indem der folgende Käufer dieses Kapital nicht mit bezahlt. Die Grundsteuer wird den Kaufpreis des Grundstücks um eben so viel Prozente vermindern, als sie vom reinen Ertrage desselben nimmt.

— Ein Grundstück, das steuerfrei 10,000 Thlr. Kaufwerth hatte, und auf dessen reinen Ertrag 20 Prozent Grundsteuer gelegt werden, wird nun, wenn alles übrige gleich bleibt, bei einem Verkauf diese 20 Prozent vom Kapital verlieren, oder nur 8000 Thlr. Kaufwerth behalten.

§ 181.

Die Untersuchung: in wie weit eine Grundsteuer bloß die Kräfte der Natur, oder auch die schon vorlängst auf das Grundstück verwendeten Kräfte der Menschen (Kapitale und Arbeit) getroffen habe? ist sehr schwierig; denn es können Grundstücke, die vorher gar keinen Ertrag gaben, durch Anwendung von Kapitalen und von Arbeit zu eben so hohem Ertrag gebracht werden, als

Grundstücke, deren Ertrag bloß einem Geschenk der Natur zuzuschreiben ist.

§ 182.

Die Frage: ob die Grundsteuer nach dem möglichen oder nach dem wirklich bestehenden reinen Ertrage der Grundstücke angelegt werden soll? kann nicht im Allgemeinen entschieden werden, da die Bestimmung des möglichen Ertrags immer auf ungewisse Voraussetzungen gegründet ist. Nur da, wo die Grundsteuer nach ihrem Prinzip nur einen geringen Theil des wahrscheinlich möglichen reinen Ertrags in Anspruch nimmt, der auch für den wirklich bestehenden nicht zu hoch ist, kann die Regierung den erstern zum Maaßstabe annehmen.

— Unkultivirte aber kulturfähige Grundstücke werden am sichersten als Domänen so lange von der Grundsteuer eximirt, bis sie zu einem solchen Grade der Kultur gebracht worden sind: daß sie mit den übrigen schon steuerbaren Grundstücken gleichmäßig besteuert werden können.

§ 183.

Wenn die Grundsteuer

1) den reinen Ertrag des Grundstücks, auf welchem sie haftet, übersteigt; oder

2) wenn das besteuerte Grundstück nicht zu landwirthschaftlichem Ertrage genutzt wird;

so verliert sie die vorzüglichen Eigenschaften der Grundsteuer und wird zu einer Gewerbs- oder persönlichen Steuer. Sie trifft nemlich im ersten Falle nicht mehr das Eigenthum des Grundbesitzers, sondern das Gewerbe des Landwirths; im zweiten Falle trifft sie Nutzungen, welche nicht echtes, sondern nur Zirkulazionseinkommen bringen können. (§ 166.)

— Plätze, die zum Häuserbau, zu Vergnügungsplätzen, zu Prachtgärten rc. genutzt werden. —

§ 184.

Wenn die Regierung die Grundsteuer als eine spezielle Gewerbs- und nicht als eine allgemeine Einkommenssteuer betrachtet, oder der eigentlichen Grundsteuer noch eine Steuer auf das Gewerbe der Landwirthschaft zusetzen will: so kann sie zwar dadurch eine größere Gleichheit in den Gewerbssteuern überhaupt bewirken, indem sie die zur Betreibung der Kultur nöthigen Kapitale einer eben solchen Abgabe unterwirft, als die zur Betreibung andrer Gewerbe angewendeten Kapitale; es wird aber für die Landwirthschaft selbst, welche überall unbedingt echtes Nazionaleinkommen gibt, vortheilhafter seyn, wenn diese Abgabe entweder

a) zur eigentlichen Grundsteuer geschlagen, oder doch

b) nach einem allgemeinen Anschlage und nicht ins Detail eingehend (§ 171.) erhoben wird;

denn a) sie wird nach Ablauf der ersten Kontraktsperiode, wenn das Grundstück verpachtet ist, doch auf den Grundeigenthümer fallen; da die Steuerimmunität der Betriebskapitale durch die Konkurrenz der Pächter, welche einander überbieten, mehr zum Vortheil des Eigenthümers als des Pächters gelenkt wird. Wenn sie aber

b) die einzelnen Betriebskapitale im Detail besteuert, so wird sie die üble Folge haben: daß sie den Landwirth zum Sparen an den Betriebskapitalen reizt und so dem nützlichsten Gewerbe selbst Schaden thut.

— Wenn sich in einem Lande eine Konkurrenz der Pächter nicht findet, so wird eine Steuer auf die Betriebskapitale der Landwirthschaft, oder auf die Pächter, absolut schädlich seyn.

§ 185.

Da wo Grundstücke und Landgüter wegen Mangel an Eigenthumsrechten keinen Verkaufswerth haben, oder wo sie nicht verkauft werden dürfen, ist die Grundsteuer eine willkührliche Schatzung, die zuweilen von dem Ertrage eines ganz andern Grundstücks: von dem landwirthschaftlichen Gewerbe, oder von einem Nebengewerbe, das der Besitzer des besteuerten Grundstücks treibt, bezahlt werden mnß.

— Beispiele finden sich in allen Ländern, wo auf die bäuerliche Verfassung streng gehalten wird, und wo der Boden zugleich wenig natürliche Fruchtbarkeit besitzt.

§ 186.

Die Grundsteuer darf nicht auf die Anwendung des Bodens zu einer gewissen Kulturart insofern Rücksicht nehmen: daß sie nach Verhältniß derselben sich ändert; indem sie sonst

a) nicht bloß auf den Kaufpreis des Grundstücks, sondern auch auf den der verschiedenen Produkte desselben Einfluß haben, und

b) der Kultur des Bodens Hindernisse in den Weg legen würde.

— a) Wenn der Acker, auf dem Flachs gebauet wird, mehr Steuer zahlen soll, als der, auf welchem Kartoffeln gebauet werden: so wird die Abgabe auch auf den Preis dieser beiden Produkte Einfluß haben.

b) Wenn der Anger mehr Steuer geben soll, wenn er zu Acker gemacht wird: so kann diese Rücksicht die höhere Benutzung manches Angers verhindern.

§ 187.

Die Grundsteuer muß nach dem üblichen Landmaaß (Morgen) auf jedes Grundstück speziell eingetheilt und mit Steuern andrer Art, z. B. von Gebäuden, Zinsen der Untersassen ꝛc. nicht vermischt seyn; um dem einzelnen Verkauf der Grundstücke, der für die Kultur des Bodens so vortheilhaft ist, nicht Schwierigkeiten in den Weg zu legen, oder die Vertheilung der Steuern auf Grund und Boden ungleich und unverhältnißmäßig mit deren Ertrage zu machen.

§ 188.

Die Grundsteuern können in Naturalien oder in Gelde bestimmt, oder wie der Erbpachtskanon (§ 143.) durch eine Vergleichung des Preises der Naturalien auf einen bestimmten Zeitraum

in

in Gelde erhoben werden; indem dieses Verfahren die Steuern am gleichförmigsten mit den Bedürfnissen der Regierung erhält. Nach dem gewöhnlichen Lauf der Dinge wird in einer Nazion, deren Vermögen zunimmt, diese Steuer durch den steigenden Werth der Produkte und durch die von Zeit zu Zeit in den Boden selbst übergehenden Kapitale immer geringer.

— So sind die Grundsteuern in den mehresten preußischen Provinzen jetzt im Vergleich mit dem Ertrage der Grundstücke weit geringer, als sie in vorigen Zeiten waren.

§ 189.

Die Klagen über Ungleichheit der schon von langen Zeiten her aufgelegten Grundsteuern sind nur dann gerecht: wenn sie die Unrichtigkeit des der Steuer zum Grunde gelegten Katasters erweisen; sie werden aber ungerecht: wenn diese Ungleichheit der jetzigen Steuer durch die Ungleichheit der auf die einzelnen Grundstücke verwendeten Arbeit und Kapitale entstanden ist.

— Der gestiegene Werth der von dem Boden erzeugten Produkte hat bei allen Grundstücken gleichförmig die Grundsteuer vermindert; aber der ungleiche Aufwand bei der Kultur derselben kann bei dem richtigsten Steuerkataster eine große Ungleichheit des Steuerbetrags der einzelnen Grundstücke hervorbringen, über welche sich der in der Kultur zurückgebliebene wenigstens insofern mit Unrecht beklagt: als diese Kapitale nicht zur Grundsteuer gehören; sie gehören genau genommen zur Vermögens- oder Kapitalsteuer.

§ 190.

Wie hoch die Grundsteuer — wenn sie nur auf den wirklich bestehenden reinen Ertrag Rücksicht nimmt — gesetzt werden kann, ohne schädlichen Einfluß auf die Kultur der besteuerten Grundstücke zu äussern: ist im Allgemeinen nicht zu bestimmen; die Erfahrung im preußischen Staate zeigt uns: daß sie von weniger als 1 bis zu 76 Prozent des reinen Ertrags steigt, ohne absolut nachtheiligen Einfluß auf die Kultur des besteuerten Bodens zu äussern.

— Bei vererbpachteten Domänengrundstücken steigt dieselbe zuweilen noch höher: insofern man den Erbpachtskanon als Grundsteuer betrachtet.

§ 191.

Ein Land, in welchem die Grundsteuer geringer ist, als in einem andern, wird, bei übrigens gleichen Umständen an Grundkapitalen reicher seyn als ein höher besteuertes; da nun eine hohe Grundsteuer dem Besitzer des besteuerten Grundstücks weniger disponibles Kapital übrig läßt, als eine geringe — indem dann auch nicht so viel hypothekarische Schulden auf dasselbe aufgenommen werden können — so kann die hohe Steuer auch auf die mögliche Kultur des Grundstücks übeln Einfluß haben, der nur dadurch vermindert wird: daß jede Meliorazion des Grundstücks den Kapitalwerth desselben erhöhet, ohne die Grundsteuer zu vermehren.

§ 192.

Die Vorzüge der Grundsteuern vor vielen andern Steuerarten sind:

1) die Gerechtigkeit und Gleichheit, die bei ihnen in Hinsicht auf das steuerbare Objekt beobachtet werden kann.
2) Sie haben auf den Kaufwerth der Produkte des Bodens keinen Einfluß, indem sie denselben weder erhöhen noch vermindern.

3) Sie können mit weit geringern Administrazionskosten erhoben werden, als alle übrige Steuern.

4) Es kann sich ihnen Niemand entziehen, indem das besteuerte Objekt nicht transportabel ist; ebendeswegen kann auch kein Unterschleif und keine Denunziazion bei ihnen statt finden: so daß sie auf die Moralität der Nazion keinen übeln Einfluß äussern.

§ 193.

Eine Steuer, welche auf die Kräfte der Natur gelegt wird, wie die reine Grundsteuer, hat schon darum einen großen Vorzug vor den Steuern, die auf die Kräfte der Menschen gelegt werden: (Gewerbesteuern) weil die Natur während ihrer Produkzion nicht konsumirt, da die Konsumzion des Menschen während seiner Arbeit immer fortdauert; oder mit andern Worten: weil die Natur uns ihre Gaben schenkt, alle Produkte der menschlichen Arbeit aber bezahlt werden müssen. — Dies gilt jedoch immer nur unter der § 180. angegebenen Einschränkung.

§ 194.

Ein Staat, der bloß aus dem Einkommen seiner Domänen und aus der Grundsteuer seinen jährlichen Bedarf ziehen kann, wird um vieles glücklicher und besser organisirt seyn können, als ein solcher, der zu Steuern auf Gewerbe, Konsumzion und Personen schreitet. Ein jeder Staat, dessen Territorium so beschaffen ist, wie § 140. angiebt, ist im Stande, diesen Zweck zu erreichen.

§ 195.

Auf der andern Seite verursacht fast keine Steuer, wenn sie neu angelegt oder erhöhet werden soll, so viele Kosten und so viele Weitläuftigkeiten: wenn sie mit Gerechtigkeit und Gleichheit gegen alle steuerpflichtige Personen angelegt werden soll, als die Grundsteuer; und diese Schwierigkeiten vermehren sich mit dem steigenden Wohlstande der Nazion.

a) Ein vollständiges und dem Zweck ganz entsprechendes Kataster von Grund und Boden ist eine sehr kostbare und langwierige Arbeit.

b) Je wohlhabender eine Nazion wird, um desto mehr ist das Eigenthum an Grund und Boden getheilt, und häufig besitzt der, dem das Nutzungsrecht an einem Grundstück zustehet, nur einen geringen Theil des Grundstücks selbst, als Eigenthum.

— Wenn auf ein bisher steuerfreies Landgut von 20000 Rthlr. Kapitalwerth, zu 4 Prozent Ertrag gerechnet, auf welchem aber 15000 Rthlr. hypothekarische Schulden haften, eine Grundsteuer von 25 Prozent des reinen Ertrags gelegt wird: so nimmt sie dem dermaligen Besitzer sein ganzes Eigenthum, das nur in 5000 Rthlr. bestand.

§ 196.

Die Kostbarkeit eines richtigen und vollständigen Grundbuchs (Katasters) kann in einigen Fällen ein hinreichender Grund seyn, diese Arbeit aufzuschieben; da aber die genaueste Kenntniß des Landes für die Regierung von so großem Nutzen auch in andrer Hinsicht ist, so sollte sie nie die Ausführung dieser Arbeit ganz zurückhalten. Die Schwierigkeiten (h) sind nur dadurch vollkommen zu heben, wenn die Regierung entweder

1) die steuerfreien oder zu gering besteuerten Grundstücke auf rechtliche Art an sich bringt, oder
2) die Besitzer solcher Grundstücke durch ein ihnen gegebenes Kapital für den Verlust, den die neue Grundsteuer ihnen verursacht,

entschädiget, und die dazu nöthigen Fonds durch eine einmalige allgemeine Vermögens- oder Kapitalsteuer aufbringt.

III.

Abgaben, welche auf die Konsumzion gelegt sind.

§ 197.

Wenn ein Jeder nach der Quantität dessen, was er jährlich verzehrt, besteuert werden soll, so fließt schon aus der Idee des bürgerlichen Vereins zu einem Staate: daß der Antheil von der Steuer ausgenommen werde, der zum unentbehrlichen Lebensbedürfniß gehört; indem sonst die Existenz der Staatsbürger gefährdet und der erste Zweck eines jeden Staates selbst aufgehoben werden würde; sie kann also nur die entbehrlichen Bedürfnisse treffen; wenn die Steuer auf diese Art möglich und in einem Staate allgemein ausführbar ist, ohne größere Verwaltungskosten zu verursachen, als andre Steuern, so wird sie viele Vorzüge vor andern Abgaben in sich vereinigen:

1) sie wird von dem, der den größten Aufwand macht, den größten, und von dem, der den geringsten Aufwand macht, den ge-

ringsten Antheil fordern; den aber, der nur das nothdürftigste genießt, ganz unbesteuert lassen.

2) Sie wird dem, der sie bezahlt, deswegen unmerklich seyn, weil er sie mit dem Preise der Gegenstände bezahlt, welche er konsumirt, und weil den mehresten der durch die Abgabe erhöhete Preis der natürliche zu seyn scheint.

3) Sie wird als ein Aufwandsgesetz wohlthätig für die Nazion wirken; indem sie die Bedürfnisse des höhern Wohllebens höher besteuert, als die der gemeinen Bequemlichkeit.

4) Es wird von eines Jeden Belieben abhängen, ob er zu dieser Steuer viel oder wenig oder gar nichts beitragen will, und Niemand wird sich über eine Abgabe beklagen, welche die Regierung ganz in seinen freien Willen stellt.

5) Die Steuer wird von einem Jeden zu der Zeit bezahlt, wo er nach seiner eignen Erklärung am besten im Stande ist, sie zu bezahlen.

§ 198.

Aber wir finden diese Steuer in der Erfahrung selten so, wie sie hier angegeben ist, und bei der Beschaffenheit derselben in den mehresten Staaten fallen nicht bloß die oben angegebenen Vortheile weg, sondern es kommen auch Nachtheile zum Vorschein, welche ihr vor andern Steuerarten eigen sind. Man fand nemlich, daß, wenn diese Steuer auf die Bedürfnisse selbst gelegt und nicht zu einer persönlichen Steuer gemacht wurde, sie bei der Uebergehung der unentbehrlichen Bedürfnisse in Verhältniß zu dem Aufwande den sie erfordert, eine zu unbedeutende Einnahme brachte, und daß der größte Theil derselben in den Händen der zu ihrer Einnahme angestellten Offizianten blieb; diese Erfahrung zog immer mehr Objekte zu der Abgabe, und da die unentbehrlichen Bedürfnisse bei jeder Nazion in der absoluten Quantität eine weit größere Summe ausmachen, als die entbehrlichen: so erwartete man auch von der Steuer auf die erstern weit größere Einnahmen, als von der Steuer auf die entbehrlichen Bedürfnisse. Auf diese Art wurde die erste Bedingung zurückgesetzt, welche bei allen Steuern unerläßlich seyn sollte, nemlich: die Existenz oder den nothwendigen Unterhalt der Staatsbürger nicht in Gefahr zu bringen.

— Die Steuer auf Brot wird zwar bei denen, welche entbehrlichere Bedürfnisse genießen, nicht an der Konsumzion des Brotes sondern an andern Bedürfnissen abgezogen werden; wenn aber die Bedürfnisse eines Menschen gar nichts entbehrliches enthalten, so hat diese Konsumzionssteuer keine hinreichenden und gerechten Mittel, solchen Armen Erleichterung zu verschaffen; welche bei andern Steuern durch einige Modifikazionen der Steueranlage oder Erhebung leicht anzuwenden sind.

§ 199.

Die entbehrlichen Bedürfnisse und die mehresten Artikel des Wohllebens werden sich in der Regel öfter und leichter der Steuer entziehen, als die unentbehrlichen:

1) weil verhältnißmäßig größerer Vortheil für den zu erwarten ist, der sich ihnen entziehen kann, als bei den unentbehrlichen Bedürfnissen, die schon an sich verhältnißmäßig niedriger besteuert werden müssen.
2) Weil ihre Konsumzion niemals einer solchen Kontrolle unterworfen werden kann, als die Konsumzion der unentbehrlichen Bedürfnisse, indem jene willkürlicher ist als diese.
3) Weil die hoch besteuerten Waaren troß aller Nachforschung mit geringer besteuer-

ten vermischt, oder für solche ausgegeben werden, und vorzüglich, wenn ihr körperlicher Inhalt nicht groß ist, leichter versteckt werden können.

4) Weil die entbehrlichen Bedürfnisse mehr von den höhern und reichern Ständen der Nazion gebraucht werden, als von den geringern und ärmern, und die erstern durch ihr Ansehen, ihre Verbindungen und ihr Vermögen zu Bestechungen sich der Abgabe eher entziehen können, als die letztern.

§ 200.

Diese Beschaffenheit der Dinge bewog die Regierungen oft zu strengen, der bürgerlichen Freiheit so sehr lästigen Gesetzen, Einrichtungen und Formalitäten, welche die Liebe und das Zutrauen der Bürger zu ihrer Verfassung und ihrer Regierung verminderten; welche ein eignes von Betrug bestehendes Gewerbe (Kontrebandirer) erschufen, das dem Einkommen der Staatskasse, dem Vermögen und der Moralität der Nazion gleich schädlich ist; welche ein Heer von Offizianten, Aufpassern und Nachspürern nöthig machten, die von der Nazion als ihre natürlichen Feinde betrachtet wurden, und welche selbst der Würde der Regierung nachtheilig werden mußten: da der Visitator und Grenzwächter sein Amt eben so gut im Namen der Regierung verwaltet, als der höhere Staatsbeamte.

— Bei der von der Regierung durch Lob und Lohn unterstützten Tendenz den Beamten, die Einnahme von dieser Steuer zu erhöhen, erhält gewöhnlich der den Preis, der die Nazion am mehresten drückt; das steigende Verdienst der Beamten steht dann mit dem Wohlstande der Nazion und ihrer bürgerlichen Freiheit in umgekehrtem Verhältniß.

§ 201.

Der rechtliche Bürger wird von einer solchen Steuer, von den dazu bestellten Offizianten und von den nach und nach unzählig angewachsenen Formalitäten gedrückt; der Listige entzieht sich ihnen durch Bestechungen und Umgehungen, und die Regierung ist gezwungen: in einem jeden Bürger einen Betrüger zu vermuthen, bis er sich durch oft unwürdige Mittel bei den Behörden legitimirt hat. Der Fremde wird ein Land, das ihn in jedem mit Aufpassern besetzten Thore durch seine Formalitäten und Untersuchungen so unfreundlich empfängt und belästigt, vermeiden, und sich nicht darnach sehnen, in einem Lande zu wohnen: wo schon die Kenntniß aller gesetzlich bestimmten und mit Strafen verpönten Einschränkungen des Lebensgenusses ein langes Studium erfordert.

— Wer den Beschwerden abhelfen könnte — der höhere Staatsbeamte — fühlt sie nicht; weil die subalternen Beamten, deren Schicksal oft von ihm abhängt, ihre Instrukzion auf ihn nicht mit der Strenge anwenden werden, als auf Andre.

§ 202.

Die Kosten, welche die Erhebung dieser Steuern der Regierung verursachen, sind, wie die Erfahrung lehrt, überall größer als bei andern Steuern; aber die Kosten, welche sie der Nazion verursachen, sind gewiß noch weit beträchtlicher. Die große Menge untergeordneter zu dieser Steuer nöthiger Offizianten kann von der Regierung nur sehr ärmlich besoldet werden, wenn nicht die Administrazionskosten noch größer werden sollen, und in den Händen dieser Personen liegt die Entscheidung über Züchtigung oder Loslassung des Steuerpflichtigen in erster Instanz; es läßt sich von Personen die aus der niedrigsten Klasse des Volks genommen werden müssen und selbst von Nahrungssorgen gedrückt werden, wohl nicht ein höherer Bestimmungsgrund zur pünktlichen Befolgung ihrer Pflichten erwarten, als Furcht vor Entdeckung und Strafe.

— Man hat Aufseher über Aufseher gesetzt und die Kontrollen nach und nach so vervielfältiget: daß das Rechnungs-Kalkulatur- und Revisionsgeschäft bei diesen Steuern zu einer Arbeit angewachsen ist, welche einen zahlreichen Stand in der Nazion für seine ganze Lebenszeit mit Arbeiten beschäftigt, die weder den Lebensgenuß noch das Vermögen der Nazion vermehren, und dennoch den Unterschleif in der ersten Quelle nicht zu verhindern im Stande sind.

§ 203.

Aber es entstehen auch durch diese Steuern Kosten und Ausgaben für die Nazion, welche weder den Offizianten noch der Staatskasse zu Gute kommen; sie verursachen nemlich einen großen Kraftaufwand bloß um der Steuer willen, den der Konsument bezahlen muß und welcher der Nazion verloren geht; sie setzen bestimmte Punkte fest, über welche alle Waaren transportirt werden müssen, wenn es auch nur mit großen und kostbaren Umwegen geschehen kann;

sie fordern die Transportirung der Waaren an einen gewissen unter ihrer Kontrolle stehenden Orte (Packhof, Kaufhof) wenn er auch noch so weit von dem Bestimmungsorte der Waaren entfernt ist; sie erheben die Abgaben von den Waaren oft eine lange Zeit früher, als diese Waaren verkauft oder konsumirt werden und zwingen dadurch den, der die Abgabe auslegte, ausser der Abgabe selbst auch immer wachsende Zinsen derselben von den Käufern einzuziehen.

— Der Aufwand an Zeit für die Steuerpflichtigen ist oft so bedeutend: daß einzelne Handelsleute bloß zur Besorgung dieser Steuer eigne Personen besolden müssen, deren Geschäft ganz allein in der Besorgung ihrer Angelegenheiten mit den Steuerbeamten besteht.

§ 204.

Die Konsumzionssteuer der Art hat noch den Mangel, daß sie nicht zu einer allgemeinen Abgabe, wenigstens nicht in allen Artikeln gemacht werden kann. In den Städten, welche mit Mauern rc. umgeben sind, kann wohl die Einbringung der Waaren von einer verhältnißmäßigen Anzahl Offizianten kontrollirt werden; aber auf dem platten Lande würde man für jedes Haus einen Aufpasser nöthig haben, um alles zu kontrolliren, was hineingebracht oder darin verzehrt wird; die Regierungen haben also entweder auf die Besteurung des platten Landes durch diese Abgabe Verzicht gethan, oder sie sind damit so weit gegangen, als sie es ausführen zu können glaubten.

§ 205.

Diese Art der Konsumzionssteuern hat aber auch auf viele andre, oft weit davon entfernt liegende Gegenstände und Einrichtungen des Staats Einfluß gehabt: der dem Vermögen und dem Wohlstande der Nazion hier mehr dort weniger schädlich geworden ist. Wenn dieses Sistem der Konsumzionssteuern in einem Staate einmal fest gegründet war und für unentbehrlich gehalten wurde, so trug es gewöhnlich im Streite gegen die Einwendungen andrer Staatswirthe und gegen die Vorsprecher solcher Gegenstände, die mit ihm in Kollision kamen, den Sieg davon, und so entstanden die Gesetze, welche gebieten: daß dieses und jenes Gewerbe nur in den accisbaren Städten getrieben werden solle: wenn es auch für das Nazionalvermögen weit vortheilhafter auf dem Lande getrieben werden konnte; daß Kauf und Verkauf bloß auf den

Märk-

Märkten accisbarer Städte geschlossen werden solle: wenn die Waaren auch selbst wieder dahin gingen, woher sie kamen; daß Niemand sich einer Maschine bedienen solle (Handmühlen) die ihn in seinem Gewerbe weit wohlfeiler zum Ziele brachte: wenn dadurch die Kontrolle der Regierung erschwert oder vereitelt wurde; und das Acciseinteresse wurde oft ein stärkerer Bestimmungsgrund zu einer neuen Einrichtung und zu einem neuen Gesetz, als das Nazionalinteresse, da letzteres nirgends von einem Nazionalfiskal vertreten wird.

§ 206.

In einem großen wohl arrondirten Staate lassen sich die Konsumzionssteuern mit geringerem Nachtheil für das Nazionalvermögen und mit weniger Aufwand von Seiten der Regierung dann einrichten: wenn man bloß die Bedürfnisse besteuert, welche vom Auslande hereingebracht werden. Unterschleif und Umgehung der Gesetze wird zwar auch da nicht ganz verhindert; aber es bedarf doch bei einer solchen Einrichtung nur der Aufmerksamkeit auf die Landesgrenzen, da bei der Steuereinhebung in den einzelnen Ortschaften des Landes die Grenzen, welche die Steuer besetzen und beobachten

M

muß, so vervielfältiget werden, daß eine jede Stadt ein geschlossenes Territorium bildet, das zu einem andern Staate zu gehören scheint.

— Noch größer wird diese Trenung des Staatsgebiets, wenn eine Provinz, ein Distrikt oder eine Stadt nach andern Grundsätzen behandelt wird, als die andre; und die Rücksichten, welche die Staatswirthschaft auf andre Gegenstände nimmt, z. B. Fabrik- und Handelsinteresse, gebieten oft Anomalien und Ausnahmen von der Regel, welche wieder andre künstliche Einrichtungen nach sich ziehen, und es dahin bringen: daß eine Provinz gegen die andre eben so streng bewacht und eingeschlossen wird, als das ganze Land gegen fremde Staaten, oder gegen eine ansteckende Krankheit.

§ 207.

Dieses komplizirte und beschwerliche Steuersistem ist für viele Regierungen darum so beliebt und zu einem bewundernswürdig in einander verwickelten Gebäude gemacht worden: weil es die beste Gelegenheit gab, ohne Furcht vor einem Widerspruch der Landstände oder andrer zu beachtenden Korporazionen und Stände die Einkünfte der Staatskasse unmerklich zu erhöhen; und weil man oft das vermeintliche Wohl des Landes durch höhere Besteurung dieses oder jenes entbehrlichen Bedürfnisses, oder durch Veränderung der Abgabenquote von einem nicht stark gesuchten auf einen mehr gesuchten Artikel des Aufwandes zu beabsichten glaubte, oder dasselbe auf diesem Wege zu befördern angeben konnte.

§ 208.

In einigen Staaten hat man die übeln Folgen dieser Steuer dadurch zu heben, oder wenigstens zu mindern gesucht: daß man sie zu einer Personalkonsumzionssteuer oder Kopfsteuer machte, und obgleich bei dieser Einrichtung das scheinbar freiwillige der Steuer wegfällt; obgleich der Termin ihrer Zahlung von der Regierung willkürlich angesetzt wird, und sie nicht mehr unmerklich für den Geber ist; so hat sie doch auf der andern Seite verschiedene zu beachtende Vorzüge vor der komplizirten Konsumzionssteuer (Thoraccise). Bei ihr kann die ärmere Klasse oder die unentbehrliche Nothdurft ganz verschont bleiben; sie bedarf nur einer geringen Zahl Offizianten, deren Willkür nichts überlassen bleibt; sie kann ganz allgemein gemacht werden; Niemand kann sich ihr durch List und Betrug entziehen; sie hat an sich keinen Einfluß auf den Preis der Konsumzionsbedürfnisse: der bei komplizirten Konsumzionssteuern so häufig zum Nachtheil der Gewerbe, vorzüglich solcher, die mit dem Auslande konkurriren müssen, erhöhet wird; sie erspart den Offizianten das Unwürdige und den Staatsbürgern das Lästige und Gehässige der Formalitäten und Visitazionen, und ein Jeder weiß genau vorher: wieviel, wo, und zu welcher Zeit er zu zahlen habe. Aber diese Personalsteuer muß dann auch nur einzig und allein die wahrscheinliche Konsumzion einer jeden Familie und Person nach billigen Normen zum Maaßstabe nehmen, und niemals den Rang des Steuerpflichtigen in Betrachtung ziehen.

— Im preußischen Staate hat man zum Theil die Getränke- und Mühlensteuern auf dem platten Lande in eine Personalkonsumzionssteuer verwandelt. —

IV.

Steuern gemischter Art.

§ 209.

Da die mehresten Steuern nicht nach wissenschaftlichen Prinzipien angelegt worden sind und erhoben werden: (§ 147.) so sind die verschiedenen Regierungen und Länder zu Abgaben gekommen, welche nicht einen der oben angegebenen Gegenstände allein, sondern mehrere zugleich treffen; da nun zur Beurtheilung des Einflusses, den die Steuern überhaupt auf den Wohlstand der Nazion haben, die Untersuchung nothwendig ist: ob sie das Kapitalvermögen, das Einkommen oder die Ausgaben der Nation treffen, und in wiefern, auch in welchem Grade sie in eine und die andre dieser Kategorien gehören; so wird für einen jeden Staatswirth die Trennung der gemischten Steuern in diesen Abtheilungen unentbehrlich seyn.

§ 210.

Die Zölle, welche auf die Einfuhr oder Durchfuhr ausländischer und auf die Ausfuhr inländischer Waaren gelegt sind, müssen als Steuern vermischter Art betrachtet werden; indem nur im Einzelnen bestimmt werden kann: ob sie zu den Gewerbe- oder zu den Konsumzionssteuern gerechnet werden müssen. Gewöhnlich verbinden die Regierungen mit diesen Zöllen einen Nebenzweck, und betrachten die Einfuhrzölle als Erschwerungen der Einfuhr und die Ausfuhrzölle als Erschwerungen der Ausfuhr solcher

Waaren, von denen sie die verminderte Ein- oder Ausfuhr für den Wohlstand der Nazion als vortheilhaft ansehen *) (§ 120. rc.). Wenn die Durchfuhr fremder Waaren mit Zöllen belegt wird, so scheint diese Abgabe darum vortheilhaft, weil sie von Fremden bezahlt werden muß; in vielen Fällen würde jedoch dem Nazionalwohlstande besser gedient seyn: wenn die Regierung diesen Transitohandel, den schon mancher Staat zerstörte und dadurch seiner Nazion eine vortheilhafte Quelle ihres Einkommens verstopfte, nicht unmittelbar für ihre Kasse, sondern bloß mittelbar für den dadurch vermehrten Wohlstand der Nazion benutzen wollte.

— *) Es würden indessen viele Zolldepartements in große Verlegenheit kommen, wenn sie wirklich den vorgegebenen Zweck erreichten; denn die Zollaufsicht würde dann Kosten verursachen, ohne etwas einzutragen, da das letztere doch ihr Haupt- und ursprünglicher Zweck ist.

§ 211.

Die Zölle werden entweder nach dem Werth, oder nach dem Gewicht, oder nach dem kubischen Inhalt der Waaren erhoben. Wenn auf diese Abgabe als auf einen Einnahmezweig überhaupt Rücksicht genommen wird — ohne die Verwendung und den ihretwegen nöthigen Aufwand in Betrachtung zu ziehen — so scheint der von der Regierung selbst nach einer mäßigen Taxe angenommene Werth der zu verzollenden Waaren der schicklichste Maaßstab der Steuer zu seyn. Wenn aber ein Zoll oder eine Abgabe von den Waaren erhoben wird, um die zu ihrem Transport oder dessen Erleichterung nöthigen Anstalten, Gebäude und Maschinen zu erhalten, so ist in einigen Fällen das Gewicht, und in andern der kubische Inhalt ein Maaßstab, welcher dem Zweck angemessener ist; obgleich wieder in Betrachtung gezogen werden muß: daß die Abgabe dann die nothwendigsten Bedürfnisse — welche in der Regel die schwersten und den mehresten Raum einnehmenden sind — als Konsumzionssteuer stärker trifft, als die entbehrlichen.

§ 212.

Die Stempelsteuer ist nach den verschiedenen Gegenständen, welche sie trifft, theils eine Vermögenssteuer (Stempel bei Erbschaften, Kaufkontrakten ꝛc.) theils eine Erwerbsteuer (bei Privilegien, Quittungen ꝛc.) theils eine Konsumzionssteuer (bei Musik, Spielkarten ꝛc.). Hiernach ist auch ihre Wirkung verschieden, und sie kann, wenn sie hochgespannt wird, dem Wohlstande der Nazion schädlich werden. Am schlimmsten wirkt sie, wenn sie Handlungen erschwert oder kostbar macht, zu welchen ein Jeder ohnedem nur aus Noth schreitet; z. B. wenn sie das Leihen kleiner Geldsummen durch eine Abgabe kostbar macht; wenn sie die Klagen und Beschwerden bei der Obrigkeit noch vor entschiedener Sache mit Abgaben belastet 2c.

§ 213.

Man hat in verschiedenen Staaten eine sogenannte Rangsteuer eingeführt, so daß ein Jeder nach Verhältniß des bürgerlichen Ranges, den er besitzt, oder des Titels den er führt, eine persönliche (Kopf) Steuer bezahlen muß. Man hielt diese Steuer darum für vortheilhaft, weil sie häufig den Ehrgeiz trifft, aber es ist auch zu bedenken:

1) daß das eigentlich besteuerte und zu besteuern mögliche Objekt — das Kapitalvermögen und Einkommen — nicht immer mit dem Range und Titel in gehörigem Verhältniß steht; und daß der hohe Rang für den nicht Ehrsüchtigen dann eine Last wird.
2) Daß dieses Mittel: von hohem Range und hohen Titeln Einnahme für die Staats-

kasse zu ziehen, leicht zum Mißbrauch dieser Gegenstände verleiten und sie, die für die Regierung so brauchbare und ihrer würdige Belohnungsgegenstände seyn können, in den Augen der Nazion und andrer Völker herabwürdigen kann.

§ 214.

Die mehresten Regierungen ziehen aus der Vernachlässigung oder Nichtachtung der von ihnen gegebenen Gesetze eine Einnahme für ihre Kasse, unter dem Namen Strafgelder. Es gibt indessen viele Gegenstände, welche ohne Nachtheil für die nothwendige Achtung der Gesetze selbst eine Geldstrafe nicht vertragen. Wenn sie dem Reichen ein Uebergewicht über den Aermern in bürgerlichen Verhältnissen verschaffen — in dem der Arme am Leibe, der Reiche am Vermögen gestraft wird — so muß die Regierung genau auf die Art der Vergehungen achten, in welchen diese Alternative festgesetzt ist. Auch treffen oft dergleichen Strafen mehr die unschuldige Familie des bestraften, als diesen selbst.

— Es kann z. B. kein Vergehen, in welchem die bürgerliche Ehre des Menschen in Betrachtung kommt, oder beleidigt worden ist, sich zu einer Geldstrafe qualifiziren.

§ 215.

Die Erfindsamkeit in dem für alle Regierungen so interessanten Punkte der Abgaben hat so mancherlei Gegenstände steuerbar zu machen und aus so manchen Verhältnissen Nutzen zu ziehen gesucht: daß es auf den ersten Anblick gar nicht schwer zu seyn scheint, die Einnahme der Staatskassen überall noch beträchtlich zu vermehren — wenn Gerechtigkeit und Rücksicht auf den Wohlstand der Steuerpflichtigen dem höchsten Steuerinteresse überhaupt untergeordnet werden.

Man hat Hagestolzensteuern vorgeschlagen und eingeführt; aber abgesehen von der Ungerechtigkeit derselben werden sie auch den oft vorgespiegelten Zweck gewiß nicht erreichen: denn es wird Niemand um der ihm drohenden Steuer willen heirathen, der ohne sie nicht geheirathet hätte; oder es wird durch Scheinheirathen, (wenn die Steuer sehr groß ist) oder eilig wieder getrennte Verbindungen nicht bloß die Steuer betrogen, sondern auch den Sitten schlecht gedient werden.

Man hat aus dem Begnadigungsrecht des Regenten für die Kasse des Staats Vortheil ziehen wollen; aber dies Verfahren leitet gar leicht zu einem der Moralität und der Beobachtung der Landesgesetze sehr schädlichen Abkaufen der geordneten Strafen, welche dann nur den Unvermögenden aber nicht den Reichen treffen.

Man hat aus den Legitimazionen, Dispensazionen, Majorennitätserklärungen vor Ablauf der gesetzlich verordneten Zeit Gegenstände zu Steuereinnahmen gemacht, mit der Gefahr: daß die Landesgesetze von den Regierungsbehörden selbst dem Vortheil der Staatskasse untergeordnet werden.

Man hat zufällige Ereignisse, z. B. den Antritt eines neuen Regenten, den Tod eines Belehnten rc. für die Kasse einträglich zu machen gesucht (durch Lehnsgebühren, Laudemien rc.) aber dabei häufig dem Vortheil der Kasse selbst geschadet; da die zu einer so ungewissen Abgabe Verpflichteten sich zu ihrem eignen und zum Vortheil der Staatskasse, lieber zu einer höhern aber in Absicht auf den Erhebungstermin immer gleich bleibenden Abgabe verstehn werden, als zu einer so zufälligen.

Man hat aus dem Recht, Schornsteine zu fegen, Lumpen zu sammeln, Vieh zu schneiden, gestorbenes Vieh zu benutzen, Musik zu machen, zu Hochzeiten zu bitten und noch aus einer großen Menge andrer Dinge Einnahmen für die Staatskassen zu ziehen gesucht, und aus Eifer für das sogenannte Staatsinteresse oft die Würde der Regierung und das Ehrgefühl der Nazion ganz aus den Augen gesetzt.

C.

Regalien.

§ 216.

Regalien sind die von der Regierung ausschließlich zur eignen Verwaltung von dem Nazionalvermögen sich vorbehaltenen Nutzungen, Gewerbe und Rechte. Die Staatswirthschaftslehrer haben von jeher theils mehr theils weniger Gegenstände zu den Regalien gezählt; so wie auch von einzelnen Regierungen hier mehr, dort weniger zu denselben gerechnet und als solche behandelt worden sind. Das oberste Prinzip der Staatswirthschaft gibt aber die einschränkende Regel für die Ausdehnung dieser Gegenstände: indem nur die Nutzungen, Gewerbe und Rechte für wahre Regalien anzusehen sind, deren Ertrag und Vortheil für die Nazion durch öffentliche Verwaltung besser erreicht werden kann, als durch die einem jeden Staatsbürger überlassene Benutzung.

§ 217.

Für die europäischen und vorzüglich für die deutschen Staaten werden nach dieser Festsetzung nur vier Gegenstände zu den Regalien zu ziehen seyn: nemlich des Bergwerks= Wasser= Münz= und Post=Regal; obgleich in einzelnen Fällen und in einzelnen Ländern selbst diese Gegenstände oder einer derselben zuweilen mit größerem Nutzen für das Ganze betrieben werden könnten, wenn sie der Konkurrenz der Gewerbetreibenden überlassen würden; auch mißbrauchen die Staatsbeamten hierbei oft die durch die Regierung ihnen anvertrauete Gewalt: um durch sie aus diesen Gegenständen einen größern Gewinn zu ziehen, als einem Privatmann durch Kapitalaufwand und Fleiß ohne eine solche Gewalt möglich seyn würde.

§ 218.

Das Bergwerksregal besteht in dem Eigenthumsrecht, das sich die Regierung über die unter der Erde gefundenen oder noch aufzusuchenden Mineralien vorbehalten hat. Sowohl die der wirthschaftlichen Benutzung dieser Gegenstände unentbehrliche Ausdehnung unter der Erde, als die zu deren Betreibung nöthigen Anstalten über der Erde (vorzüglich Wasserleitungen) scheinen diese Nutzung ihrer Natur nach zu einem Regal zu eignen; indem bei der Konkurrenz der Privatgrundbesitzer die Rechte eines jeden Einzelnen den zur Nutzung nothwendigen Anstalten große Hindernisse in den Weg legen und zu vielen Streitigkeiten Anlaß geben würden.

§ 219.

Häufig aber ist mit der Benutzung der Bergwerke als Regalien ein Nachtheil für das Vermögen der Nazion verbunden; indem die Administrazion dieses Gewerbes dasselbe kostbarer macht, als wenn es von Privatpersonen auf eigne Rechnung betrieben würde, und eben deswegen die Regierung verleitet: durch Zwangsmittel (Einfuhrverbote, Monopolrechte ꝛc.) den Ertrag dieser Nutzungen zu erhöhen. So ist es dahin gekommen, daß manche Bergwerke ohne allen reinen Ertrag, ja sogar mit Schaden für das Nazionalvermögen betrieben werden, bei deren Betrieb der Privatmann durch wirthschaftlichere Einrichtungen entweder reinen Ertrag gewonnen hätte, oder doch durch falsche Rechnungen nicht bewogen worden wäre: seine Kapitale in einem Gewerbe zu behalten, in dem sie weniger Ertrag brachten, als in andern ihnen offen stehenden Gewerben.

§ 220.

Wenn die Regierung Bergwerke betreibt, die keinen reinen Ertrag geben, um nur die Produkte derselben zu erhalten, oder eine gewisse Zahl Menschen zu beschäftigen: so werden diese Nutzungen eben so wenig Vortheil für das Nazionalvermögen bringen, als wenn der Privatmann sein Vermögen auf die Kultur des Bodens oder auf einen andern Erwerbszweig anlegen, und bloß auf den Totalertrag aber nicht auf den reinen Ertrag derselben sehen wollte; beide werden Schaden und das Nazionalvermögen keinen Vortheil davon haben.

— Bergwerke, welche Eisen und Blei liefern, stehen zuweilen in einem politisch selbstständigen Staate nicht unter den Gesetzen der Nazional- und Staatsökonomie; da höhere Rücksichten auf die Existenz des Staats ihren Betrieb auch ohne reinen Ertrag zu erhalten, gebieten können.

§ 221.

Das Wasserregal besteht in der von der Regierung sich vorbehaltenen Benutzung des Meeres und der keiner Privatperson zustehenden Seen, Ströme und Flüsse im Staate. Dieses Regal theilt sich in mehrere Zweige, indem es zum Theil die Produkte betrifft, welche das Wasser liefert (Bernstein, Fische, Anschwemmungen, Neuland, Strandrecht) zum Theil die Nutzungen, welche von dem Wasser selbst gezogen werden können. (Mühlenrecht, Flößereien, Brücken und Fähren). Der Staatswirth sorgt in der Regel am Besten für den Vortheil der Nazion, wenn er die Gegenstände dieses Regals so weit als möglich der Nutzung der Staatsbürger, gegen eine durch die Konkurrenz zu bestimmende Abgabe überläßt, (Fischerei, Neuland, Anschwemmungen ꝛc.) und die übrigen mehr zu Gegenständen der allgemeinen Landespolizei als zu Gegenständen einer unmittelbaren Einnahme für die Staatskasse macht (Strandrecht, Mühlenrecht ꝛc.).

— Das Bernsteinregal in Preußen bringt jährlich eine beträchtliche Zahl Menschen in's Zuchthaus.

— Dem Strandrechte hat man zum Theil sehr ungerechte Vorwürfe gemacht, da es mit der strengsten Gerechtigkeit bestehen und als Polizeimaaßregel sehr nützlich werden kann; in so fern es nur herrenloses Gut in Besitz nimmt und für die Rettung verunglückter Schiffe zweckmäßige Anstalten trifft.

§ 222.

§ 222.

Der Einfluß, den eine richtige, sich immer gleich bleibende und für Jedermann leicht verständliche Eintheilung der Metalle in den Münzen auf das Nazionalvermögen hat, ist allgemein anerkannt und durch die Nazionalwirthschaftslehre bewiesen; eben deswegen sollten auch alle Regierungen sich bestreben, hierin die größte Vollkommenheit zu erreichen.

§ 223.

Diese Vollkommenheit würde erreicht werden: wenn der Staat den Metallstücken von Silber und Gold, die mit der größten Vorsicht gegen unkenntliche Verringerung von aussen und mit dem möglich kleinsten, sich immer gleich bleibenden Zusatze unedler Metalle geprägt werden müßten, bloß den innern Gehalt an feinem Metall nach einem allgemein bekannten Gewicht aufsetzte, und nun der Zirkulation es überließe: wie hoch und zu welchem Tauschwerth sie im Handel und in der Zirkulazion ausgebracht werden würden.

§ 224.

Da Silber das Metall ist, auf welches die übrigen Geldmetalle, (Gold und Kupfer) in ihrem Preise immer reduzirt werden: so sollte die Regierung bei ihren Abgaben und überall, wo in ihren Gesetzen Geldbestimmungen angewendet werden müssen, nur nach diesem Metall rechnen und die Bestimmung des Kurses der übrigen Metalle der allgemeinen Konkurrenz überlassen.

§ 225.

Wenn die Regierung ein feststehendes Verhältniß des Goldwerthes zu dem Werth des Silbers gesetzlich bestimmen will, so entsteht

1) die Frage: ob das im großen Welthandel zur Zeit bestehende Verhältniß, und von welchem Handelsplatz diese Norm angenommen werden soll.
2) Dieses Verhältniß ist nach den Zeitumständen sehr schwankend, und indem es steigt und fällt, so entsteht aus einer gesetzlichen Bestimmung über dasselbe ein schädlicher Verlust oder ein unrechtmäßiger Gewinn für ihre Kasse und für die dem Gesetz unterworfenen Staatsbürger.
3) Die Nazion, bei welcher streng auf die Beobachtung der Gesetze gehalten wird, die dieses Verhältniß bestimmen, muß in ihrem Verkehr immer gegen das Land ver-

lieren, in welchem die Bestimmung dieses Verhältnisses der freien Konkurrenz überlassen ist; indem das letztre das in dem Welthandel theurer gewordene Metall in dem Lande, wo es durch die Gesetze wohlfeiler gemacht wird, gegen das nach dem Weltpreise wohlfeilere eintauschen wird. Eben diese Folge solcher willkürlichen Bestimmungen bewog so manche Regierung zu dem unzweckmäßigen Ausfuhrverbot des Goldes oder Silbers.

§ 226.

Dem Nachmünzen und Falschmünzen, welches dem Wohlstande der Nazion so üble Folgen bringen kann, wird durch die im § 223. angegebene Einrichtung der Münze am beßten vorgebeugt; denn das erste wird dem Nachmünzer keinen Gewinn bringen, indem er nur feines Metall verkaufen kann; und das zweite wird bei der großen Reinheit der Münze und bei der zu erreichenden Vollkommenheit der Stempel ein gar zu leicht zu entdeckendes und daher bald ausbleibendes Gewerbe werden.

§ 227.

Wenn die Regierung die Kosten der Münzfabrikazion (Schlageschatz) von ihren Unterthanen einzieht, indem sie ihnen die Münze theurer verkauft, als das dazu verwendete reine Metall kostet: so wird sie nach den Prinzipien der Gerechtigkeit diesen Abzug fordern können, da die Münze zur Bequemlichkeit der Unterthanen arbeitet, und alle Regierungen (ausser England seit 1665) haben das immer gethan. Da aber eine von der Münze genommene Abgabe sich darin wesentlich von den Abgaben auf eine jede andre Waare unterscheidet: daß erstere nicht auf Vertheurung der besteuerten Waare allein, (die nicht zur Konsumzion bestimmt ist) sondern auf die Vertheurung aller gegen diese Münzen zu kaufenden und zu verkaufenden konsumtibeln Waaren wirkt; so wird die Regierung, welche die Prägungskosten aus dem allgemeinen Staatseinkommen trägt, der Nazion in den daraus entstehenden Vortheilen für Gewerbe und Handel mehr als hinreichende Mittel geben, den Aufwand für die Staatsmünze auf andre Art zu ersetzen.

— Wenn gemünztes Metall seiner größern Brauchbarkeit wegen, mehr Kaufwerth hat, als ungemünztes; so kann auch die Besorgniß wegen des häufigen Einschmelzens der ohne Abgabe oder Bezahlung geprägten Münzen nicht von Gewicht seyn.

— Unterschied zwischen der dem Gold- und Silberarbeiter zu bezahlenden Form der edeln Metalle, und deren Form als Münze.

§ 228.

Die Operazionen der europäischen Staaten, welche einen höhern Schlageschatz als den Kostenpreis durch Verringerung des innern Werths der Münzen ziehen wollten; oder welche mit Münzen von geringerm Gehalt die Schulden bezahlten, welche sie in Münzen von besserm Gehalt kontrahirt hatten, waren entweder versteckter Betrug, oder beruheten auf Irthümern; und man ist in neuern Zeiten mehrentheils von dieser kleinlichen, unrechtmäßigen, der Würde einer jeden Regierung höchst nachtheiligen Profitmacherei zurückgekommen.

— Dergleichen sonst übliche Operazionen haben indessen das Vertrauen der Nazionen zu den Versprechungen ihrer Regierungen so vermindert: daß Staatspapiere, die nicht den innern feinen Metallgehalt der darin benannten Münze angeben, an Kredit mehr oder weniger verlieren.

§ 229.

Welchen Münzfuß eine Regierung in ihrem Lande einführen will, ist zwar ganz gleichgültig, da im Welthandel nicht auf den Namen, sondern auf den reinen Metallgehalt der Münze gesehen wird; indessen gehört diese Verschiedenheit der Münzfüße zu den Hindernissen des Handels, und indem sie die Kosten der Gewerbe vermehrt, wirkt sie auf künstliche und unnöthige Vertheurung der Waaren.

§ 230.

Da die Scheidemünze nur zum innern kleinen Verkehr bestimmt ist, so sollte sie so wenig kostbar als möglich (z. B. von Kupfer oder andern zusammengesetzten Metall) aber von sehr unterscheidendem Gepräge verfertiget werden, um das Nachmünzen zu verhindern; welches übrigens auch dadurch verhindert wird: daß man diese Scheidemünze nur in einer geringen Quantität prägt; die Regierung wird aus dem Gange der Gewerbe leicht erkennen, ob eine hinreichende Quantität davon bei der Nazion vorhanden ist.

Wenn die Quantität dieser Münze den Bedarf übersteigt, so entstehen daraus vielerlei üble Folgen, als: Steigerung der Preise der nothwendigsten Bedürfnisse; doppelte Waarenpreise, je nachdem die Zahlung in dieser oder jener Münzsorte erwartet wird; Streitigkeiten über Kontrakte und Zahlungsverbindlichkeiten ꝛc.; auch wird das Nachmünzen dann sehr schwer oder gar nicht verhindert werden können.

— Da die Scheidemünze den Kreditbillets ganz gleich ist, so sollte die Regierung sie auf Verlangen fortwährend mit wahrem Gelde realisiren.

§ 231.

Ob das Postwesen vortheilhafter für die Nazion den Privatpersonen als ein bürgerliches Gewerbe zu überlassen, oder von der Regierung als ein Regal zu betreiben ist, kann nicht im Allgemeinen entschieden werden; da nur der Zustand der Gewerbe im Lande überhaupt, vorzüglich solcher, welche das Postwesen zu übernehmen im Stande sind, und solcher, welche desselben bedürfen, hierüber Auskunft geben kann. Gewiß ist es, daß dieser Erwerbszweig als Regal betrieben, der Nazion mehr kostet, als wenn er von Privatpersonen unternommen wird; aber die Sicherheit, Bequemlichkeit, Schnelligkeit und periodische Gleichheit können in der Regel besser durch Administrazion des Staats als durch Privatpersonen erreicht werden.

§ 232.

Da der schnelle, wohlfeile und sichre Transport von Briefen, Waaren und Personen so viel zum Gedeihen aller Gewerbe und zum Wohlbefinden der Menschen beiträgt: so muß die Regierung, welche dieses Gewerbe als ein Regal zur eignen Administrazion sich vorbehalten hat, für die zweckmäßigste Einrichtung desselben Sorge tragen; damit die Nazion nicht Schaden, sondern Vortheil davon habe, daß die Regierung ein bürgerliches Gewerbe treibt.

§ 233.

Wenn man in einem Lande Strafgesetze findet: daß Niemand auf andre Art als durch die Post Briefe und Packete bis zu einer gewissen Schwere versenden, oder anders als mit Postpferden oder gegen eine Abgabe an die Postkasse reisen soll; wenn man Briefe auf Umwegen gehen läßt, um mehr Postgeld fordern zu können; so ist dies ein deutlicher Beweis: daß entweder die Administrazion dieser Anstalt zu kostbar ist, oder daß die Regierung Gewinn aus einer Anstalt ziehen will, die nur dadurch der Nazion vortheilhaft seyn kann: daß sie ihr den Aufwand vermindert, den ohne sie der Transport verursachen würde. So ist es freilich in manchen

Ländern dahin gekommen, daß man die Posten mehr als ein Hinderniß des Verkehrs, denn als ein Beförderungsmittel zu betrachten geneigt wird; oder daß dieser nützlichen Erfindung durch mißverstandene Finanzspekulazionen der größte Vortheil für den Nazionalwohlstand wieder genommen wird.

D.

Benutzung gesammelter Kapitale oder Anwendung derselben zur Betreibung besonderer einträglicher Geschäfte. Staatsschatz.

§ 234.

Da es einer Regierung oft leicht ist, große Kapitale, entweder durch Abgaben, oder durch Verkäufe, oder durch Anleihen zusammen zu bringen: so haben viele Regierungen geglaubt, aus der Benutzung solcher Kapitale durch Verleihen oder durch Anlegung derselben zu einträglichen Gewerben, Vortheile für die Staatskassen ziehen zu können, ohne die Staatsbürger mit neuen Abgaben zu belästigen. Insofern nun die Regierung nicht auf einen immer disponibeln Schatz bedacht ist, kann sie auch aus den in ihren Kassen vorhandenen und nicht zum gewöhnlichen Gebrauch bestimmten Vorräthen für diese Kassen selbst Vortheile ziehen.

§ 235.

Wenn die Regierung Kapitale aus der Staatskasse gegen Zinsen an ihre Bürger austhut, und, wie billig, die größte Sicherheit der Schuldner zur ersten Bedingung macht, so kann hier nur die Bedenklichkeit in Betrachtung zu ziehen seyn: daß das Nazionaleinkommen in der Regel größer seyn würde, wenn diese den Bedarf der Regierung übersteigenden Kapitale gar nicht durch Abgaben aufgebracht worden wären; denn es würden wenigstens die Einhebungs- und Auszahlungskosten erspart worden seyn. Auf den Zinsfuß können solche Anleihen, insofern sie ihn nicht willkührlich und unmittelbar herabsetzen, keinen Einfluß haben, und das Gewerbe der Kapitalverleiher werden sie aus eben dem Grunde auch nicht stören, oder das Einkommen derselben vermindern; denn es kommen nicht neue, vorher nicht dagewesene Kapitale dadurch in Umlauf.

§ 236.

Viele Regierungen bemüheten sich: auf diesem Wege theils zum vermeintlichen oder angeblichen Vortheil des Nazionalvermögens selbst, theils zum Vortheil der Staatskasse große Geschäfte zu unternehmen, ohne große Kapitale dazu zu besitzen, oder zu diesem Zweck aufwenden zu wollen; sie errichteten Leihkassen oder Leihbanken und wendeten ihren Kredit an: um Kapitale einzelner Staatsbürger hieher zu ziehen und diese wieder gegen höhere Zinsen auszuthun, als sie den Eigenthümern derselben gaben. Eine solche Anstalt kann — so lange sie ganz einfach betrieben wird, und so lange unverkennbare Sicherheit der Schuldner der wichtigste Bestimmungsgrund zum Ausleihen ist — mancherlei Vortheile für die Nazion haben, und der Regierung dabei ein Einkommen verschaffen.

§ 237.

Die Vortheile einer solchen Anstalt für das Nazionalvermögen sind folgende:

1) Sie verschafft vielen Personen Gelegenheit, kleine Kapitale sicher und mit Vortheil unterzubringen, welche ohne diese Anstalt zum Theil unbenutzt liegen geblieben wären.

2) Sie giebt Gewerbsleuten, welche oft große Kapitale vorräthig haben und vorräthig halten müssen, Gelegenheit, dieselben sicher

aufzubewahren, und auch selbst auf kurze Zeit Vortheil von ihnen zu ziehen.

3) Sie ist eine allgemein bekannte und ohne Mäklerlohn dienende Mittelsperson für diejenigen, welche bei hinlänglicher Sicherheit Kapitale zu großen Unternehmungen suchen.

Aber diese Vortheile können nur dann mit Nutzen erreicht werden, wenn

1) diese Anstalt Niemanden (z. B. unmündige Kindergelder, gerichtliche Deposita ꝛc.) zwingt, sein Kapital hier und nicht anderswo anzulegen; sondern die Verwendung desselben einem Jeden überläßt.

2) Wenn sie ihre ausgestellten Obligazionen bei Vorlegung derselben sogleich und ohne Formalitäten und Schwierigkeiten auszahlt.

3) Wenn sie nicht andre Geschäfte (z. B. Diskontiren der Wechsel, Handelsspekulazionen ꝛc.) treibt, bei denen sie Verlust leiden, oder wenigstens in ihrem Kredit bei dem Publikum verlieren kann.

§ 238.

Wenn eine von der Regierung gestiftete und durch Staats- oder Nazionalfonds unterhaltene Anstalt der Art, durch Diskontiren von Wechseln oder durch gegebene Anleihen auf persönlichen Kredit, den Handel und andre damit in Verbindung stehende Gewerbe unterstützen und heben will: so kann sie leicht für das Nazionalvermögen schädlich werden.

1) Wenn in der Nazion für den hypothekarischen Kredit Kapitale genug vorhanden sind: so werden sich die darin nicht mehr anzubringenden Kapitale von selbst mit persönlichem Kredit begnügen; und es ist schädlich, wenn dem erstern durch künstliche Einrichtungen Kapitale entzogen werden, um sie dem letztern zuzuwenden. Es ist dem natürlichen Steigen zum Wohlstande gemäß: daß die Kapitale sich erst zu den sichersten Gewerben wenden, ehe sie zu unsichern Gewerben und Spekulazionen angelegt werden.

2) Die Regierung verwechselt bei solchen Unternehmungen leicht den Profit einzelner Spekulanten mit den Vortheilen des Handels, welche dieser der Nazion bringt, und verwendet Kapitale auf Unternehmungen, die mit dem Nazionalvermögen gar nicht im gehörigen Verhältniß stehen; die vielleicht den einen bereichern und tausenden

die Gelegenheit entziehen, im Wohlstande weiter zu kommen.

3) Die Verhältnisse und Kalküls, welche ein solches öffentliches Institut in den Handelsgewerben der Nazion erzeugt, geben diesen eine Richtung, die sie nicht würden genommen haben, wenn man diese Angelegenheiten den Privatpersonen und Privatkapitalen überlassen hätte; wenn dann die Regierung durch beträchtlichen Verlust, den sie hier erlitten hat, oder durch andre Gründe bewogen wird, ihre Geschäfte einzuschränken oder aufzuheben: so verursacht dies eine empfindliche und schädliche Stockung in solchen Gewerben, welche nicht zu befürchten ist, wenn die Regierung alle auf persönlichen Kredit abzweckende Geschäfte den Kapitalen überläßt, welche die Nazion freiwillig dazu bestimmt und bestimmen kann.

— So hat man oft den Handel zu heben gesucht und die Handelsgegenstände vermindert (§ 127.)

— Wenn in einer Nazion auf persönlichen Kredit keine Kapitale, oder nur zu unverhältnißmäßig hohen Zinsen zu erhalten sind, so ist entweder der ganz natürliche

Grund vorhanden: daß es dieser Nazion überhaupt noch an Kapitalen fehlt; oder es liegen andre Ursachen zum Grunde, die keine öffentliche Leihkasse zu heben im Stande ist.

§ 239.

Noch größere Vortheile suchten die Regierungen von ihrer Autorität und ihrem Kredit zu ziehen, wenn sie mit Hülfe solcher Leihanstalten, oder auf andere Art Papiergeld in Umlauf brachten und so gleichsam mehr Kapitale ausliehen, als sie selbst besaßen. Eine Regierung, welche hinlänglichen Kredit besitzt, kann aus dieser Operazion für die Staatskasse beträchtlichen Vortheil ziehen; aber die hierbei in Betrachtung zu ziehenden Bedenklichkeiten sind bei einem Staate, der keinen Schatz besitzt, sehr wichtig und, so wie die Wirkung des Kredits selbst, einer Berechnung nicht fähig.

1) Das Papiergeld kann unmittelbar das Nazionalvermögen nicht vermehren, da es nicht ein Gut von innerm Werth ist.

2) Es kann die Zirkulazion und durch diese mittelbar das Nazionalvermögen vermehren: indem es mehr Arbeit möglich macht, als ohne dieses Hülfsmittel bei vorhande-

nem Mangel an Tauschmitteln entstanden seyn würde.

3) Es kann die Handelsgeschäfte der Nazion mit dem Auslande vermehren: insofern die bisher zur innern Zirkulazion nöthig gewesenen edeln Metalle nun in größerer Quantität zu diesen Geschäften übergehen, da ihr Gebrauch im Lande selbst zum Theil durch Papiergeld ersetzt wird.

4) Die Nazion erspart an den Transportkosten, dem zufälligen Verlust und der Abnutzung der edeln Metalle unstreitig mehr, als ihr die Fabrikation des Papiergeldes kostet.

Diesen Vortheilen des Papiergeldes steht aber entgegen: daß es dem Nachmachen und dem zufälligen Verlust für den Besitzer weit mehr unterworfen ist, als das Metallgeld; daß bei dem Sinken seines Kredits oder seines vollen Werths viele Menschen um einen Theil ihres Vermögens, andre um ihren ganzen Erwerb gebracht werden und daß kein Staat vor Zufällen und Verhältnissen gesichert ist, welche dem Kredit seines Papiergeldes schaden; ohne daß er vollständig wirkende Mittel dagegen in seiner Gewalt hat.

§ 240.

§ 240.

Wenn die Regierung selbst Gewerbe betreibt, oder durch ihre Kapitale betreiben läßt, um von dem Ertrage derselben Nutzen für ihre Kasse zu ziehen: so kann das nicht anders geschehen, als wenn sie diese Gewerbe durch Ein- und Ausfuhrverbote oder durch Monopole unterstützt; denn wenn sie von ihrem Kapital auch nur Landesübliche Zinsen ziehen will, so werden bei freier Konkurrenz mit Privatpersonen in demselben Gewerbe ihre Zinsen weit geringer seyn, als die welche jene von ihren Kapitalen ziehen: da der Aufwand der Regierung durch kostbare Beamte, Gebäude, theuern Ankauf der Materialien, Mangel an eignem Interesse der Administratoren weit größer ist als der eines Privatunternehmers; die Ausschließung andrer Mitbewerber kostet ihr überdem nur ein Gesetz oder ein Patent, welches sie zu geben leicht verleitet wird, wenn großer Vortheil für die Staatskasse zu erwerten ist. Wenn daher auch die auf solche Art verwendeten Kapitale der Regierung sehr hohe Zinsen eintragen, so würde dem Nationalvermögen doch besser gedient seyn, wenn dergleichen Gewerbe der allgemeinen Konkurrenz überlassen würden; indem der scheinbare Kapitalgewinn nur eine auf großen Umwegen erhobene Steuer der

Staatsbürger ist, welche die größten Administrazionskosten verursacht.

— Die Gegenstände, auf welche die Regierungen in dieser Hinsicht vorzüglich ihr Augenmerk gerichtet haben, sind die Fabrikazion des Salzes, des Tabaks, der Metalle und der Handel mit diesen Fabrikaten, der Handel mit Holz ꝛc.

§ 241.

Wegen seines vorzüglich schädlichen Einflusses verdient noch ein Gewerbe Erwähnung, welches viele Regierungen betreiben, um Nutzen für ihre Kassen zu ziehen, nemlich die Lotterien. Sie sind dem Vermögen und den Sitten der Nazion, dem Ansehn der Regierung und der Achtung ihrer Beamten schädlich; denn

1) sie verwenden große Kapitale auf ein ganz unnützes unfruchtbares Geschäft, und diese Kapitale werden da entbehrt, wo sie für das Nazionalvermögen Zinsen tragen würden.

2) Sie zeigen dem unwissenden Theile der Nazion einen Weg: wie man ohne Aufwendung von Kraft, Thätigkeit und Fleiß zu großem Vermögen kommen kann, und ersticken in vielen Personen die Kraft, wel-

che sie zu ihrem eignen Nutzen und zu dem Nutzen des Nazionalvermögens anwenden könnten und sollten.

3) Sie bringen die Gesetzgebung mit sich selbst in Widerspruch: wenn die Regierungen ihren Bürgern bei strenger Strafe alle Hasardspiele verbieten, und das größte derselben selbst mit ihnen spielen.

4) Sie gebrauchen Staatsdiener, die zu nützlichen und ernsten Geschäften Kraft und Bestimmung haben, zu einem unnützen Spiel und setzen sie dadurch in den Augen der Nazion herab.

§ 242.

Wenn die Regierung Kapitale zu Meliorazionen an Grund nnd Boden, zu Austrocknung von Sümpfen, Ablassung überflüssiger Seen ꝛc. und zu neuen zinsenbringenden Anlagen in den Domänen verwendet: so wird hierdurch unstreitig der Wohlstand des Landes und ihre eigne Einnahme vermehrt; indessen ist auch hier zu bedenken und die Erfahrung hat es häufig gelehrt: daß dergleichen Unternehmungen der Regierung theurer zu stehen kommen und also weniger reellen Nutzen bringen, als wenn sie von Privatpersonen unternommen werden. Es können aber dergleichen Unternehmungen von der Art seyn, daß sie von Privatpersonen gar nicht, oder nicht in der gehörigen Ausdehnung unternommen werden; entweder weil es diesen an hinlänglichen Fonds fehlt, oder weil zum Vortheil des Ganzen hierbei manches geschehen kann, was der Privatmann, der nur für seinen Vortheil ausschließlich sorgt, nicht unternehmen wird. Hier wird Geschicklichkeit und Redlichkeit der Staatsbeamten, denen solche Unternehmungen aufgetragen werden, sehr wichtig für das Nazionalvermögen seyn.

— Z. B. Eindämmungen der Ströme, große Abzugsgräben 2c. welche das Territorium mehrer Grundbesitzer treffen, deren Nutzen zum Theil wenn auch gewiß, doch sehr verschieden seyn kann.

§ 243.

Ob es rathsam sey: daß die Regierung ihre Einnahmen mit ihren Ausgaben in ein solches Verhältniß setze, daß bei jedem Rechnungsabschluß ein Ueberschuß bleibt, der auf unvorherzusehende Ausgaben zurückgelegt wird, oder: ob die Regierung einen Schatz sammeln solle? ist eine Frage, welche in der jetzigen Lage der Dinge für selbstständige Staaten mehrentheils überflüßig ist:

da die mehresten Regierungen die Abgaben schon bis an die mögliche Grenze gebracht haben, um die laufenden Ausgaben und die jährlichen Zinsen von vorher verzehrten Kapitalen zu bezahlen; denn bei diesen ist die Möglichkeit, einen Schatz zu sammeln, nicht leicht darzuthun. Unstreitig wird die Nazion — bei übrigens gleichen Umständen — in einer vortheilhafteren Lage seyn: deren Regierung nicht nur keine Schulden zu bezahlen hat, sondern auch einen beträchtlichen Schatz besitzt — als eine andre Nazion, deren Regierung Schulden zu verzinsen hat, und nur so viel jährlich einnimmt, als sie wieder ausgeben muß.

§ 244.

Die Vortheile, welche die Regierung und die Nazion von einem Staatsschatze ziehen kann, sind folgende: Ein wohlgefüllter Schatz macht einen Staat in seinen äussern Verhältnissen oft respektabler, als eine große Armee, und ist wenigstens nicht ein zehrendes Kapital, wie diese. In einem entstandenen Kriege, wo der Wohlstand der Nazion schon an sich sehr leidet, sind ausserordentliche Steuern übel angebracht, und die ordentlichen Steuern tragen in der Regel nicht so viel ein als sonst. Wenn die Regierung in Zeiten der Noth Kapitale leihen will, um einen Krieg zu führen: so ist dies oft eben in diesen Zeiten sehr schwierig, und wenn es gelingt, so muß doch die Nazion die Zinsen, welche in der Regel ewig dauern, aufbringen; sie wird also durch nachher folgende Entbehrungen das bezahlen müssen, was sie durch vorhergemachte in der Regel geringere Ersparungen (da die Zinsen durch Staatsanleihen mehrentheils höher gebracht werden) hätte zurücklegen können.

§ 245.

Die Bedenklichkeiten, welche das Sammeln eines Schatzes mit sich führen, sind folgende: Eine Nazion, welche dahin arbeiten muß, mehr Gold und Silber vom Auslande einzutauschen, als sie wieder zurückgiebt, wird dadurch in der Realität nicht reicher, (§ 115.) ja sie wird sogar an Genüssen ärmer seyn, als wenn sie andre Waaren statt dieser Metalle — die nicht zum unmittelbaren Genuß dienen — eintauschen könnte; es bleibt also immer eine Entbehrung für die Nazion, deren Regierung einen Schatz sammelt; abgesehen von der Nothwendigkeit, daß sie in der Regel mehr Steuern bezahlen muß, als wenn die Regierung keinen Ueberschuß über ihre Ausgaben verlangte. — Da ferner die Regierung diesen Schatz ungenutzt liegen lassen muß, wenn er die nöthigen Erfordernisse erfüllen soll: so entgehen der Nazion die jährlichen Zinsen von diesen Schätzen, welche sie hätten eintragen können, wenn sie in der Zirkulazion geblieben wären; obgleich in Anschlag zu bringen ist, daß ein größerer oder geringerer Theil derselben gar nicht als Kapital vorhanden, sondern — in Konsumtibilien verwandelt — verzehrt seyn würde, wenn die Regierung sie nicht so regelmäßig gesammelt hätte; auch kann die Regierung einen Theil des gesammelten Schatzes der Zirkulazion durch Papiergeld (Schatzkammerscheine) zurück geben, ohne das Metall selbst aus dem Schatze zu nehmen, und es ist gewiß: daß in keinem Falle Staatspapiergeld weniger bedenkliche Folgen und eine größere Nützlichkeit haben wird, als in diesem.

§ 246.

Da der Schatz, welchen die Regierung sammelt, nur dadurch seinen Zweck erreicht, wenn er schnell disponibel ist: so wird er auch am besten in Münzen von edeln Metallen, oder in diesen Metallen selbst bestehen; und eine Regierung kann ihren Bemühungen, den Vorrath von diesen Metallen im Lande möglichst zu vermehren

(§ 114.) durch den Vorsatz: einen Vorrath derselben auf die Zukunft zurückzulegen, einen Anschein von Konsequenz geben, wenn sie nur überhaupt auf logisch richtigen Prinzipien beruhen. Die Regierung wird übrigens — wenn ihr Abgabensistem überhaupt dem Einkommen und Vermögen der Nazion angemessen ist, und wenn die Summe der jährlichen Ersparnisse mit der Einnahme überhaupt in einem sich gleichbleibenden und nicht zu hohem Verhältniß steht (vielleicht $\frac{1}{20}$tel oder $\frac{1}{25}$tel, als der einjährige Zins des ganzen Einnahmekapitals) — nicht darüber besorgt zu seyn nöthig haben: daß sich durch das Einschatzen des Geldes das zur Zirkulazion nöthige Geldquantum in der Nazion so sehr vermindere, daß dadurch Mangel an baarem Gelde, Stockung des Umlaufs und Verarmung der Nazion entstehen werde; denn die edeln Metalle werden in einem solchen Lande immer einen etwas höhern Kaufwerth haben, als in andern Ländern, wo man dieses Sistem nicht befolgt, und es werden also mehr inländische Waaren gegen diese Metalle, als gegen andre ausländische Waaren vertauscht werden.

§ 247.

Wenn man dem Sistem der Staatsanleihen dadurch mehr Eingang verschaffen wollte, daß man die Staatsschulden als Beförderungsmittel des Nazionalreichthums betrachtete, so beruhet dies auf einem Mißgriff in Hinsicht des Unterschiedes zwischen echtem und unechtem Einkommen (§ 166.). Die Zinsen, welche der einzelne Staatsbürger für sein der Regierung geliehenes Kapital erhält, und von denen er sein Einkommen hat, müssen doch durch Abgaben von den übrigen Staatsbürgern, oder überhaupt von dem echten Nazionaleinkommen bezahlt werden. Es würde eben so falsch gerechnet seyn, wenn man diese Zinsen als echtes Einkommen betrachtete, als wenn man die Summen, welche für die Uebertragung einer Barbier= Weinschanks= oder andern Gerechtigkeit bezahlt werden, zu dem zinsentragenden Grundkapital der Nazion zählen wollte.

— Es giebt Staatsschulden, deren Zinsen als echtes Einkommen anzusehen sind, aber sie sind gewiß sehr selten: wenn nemlich eine Regierung erborgte Kapitale auf wirklich ökonomische Nutzungen anlegt.

§ 248.

Wenn übrigens Anleihen nothwendig gefunden werden, so verdienen freiwillige Anleihen immer einen großen Vorzug vor gezwungenen;

denn außerdem, daß sich den letztern ein Jeder aus Furcht vor Verlust möglichst zu entziehen und sein Vermögen zu verbergen sucht, werden die erstern manche Kapitale, die gar nicht oder zu geringen Zinsen angelegt sind, an sich ziehen; da die letztern auch solche Kapitale treffen, die in vortheilhaften Gewerben und zu höhern Zinsen, als die Regierung giebt, angelegt sind. Zeitrenten, Leibrenten und Tontinen sind Hülfsmittel, welche dem Wohlstande und der Moralität schaden; sie befördern den Müssiggang und die Verschwendung und zerstören viele dem Ganzen so wohlthätige Familienverbindungen.

Drittes Kapitel.

Verwendung des Staatseinkommens und Staatsvermögens.

§ 249.

Das Einkommen der Regierung ist dazu bestimmt: alle diejenigen Ausgaben zu bestreiten, welche die Existenz des bürgerlichen Vereins zu einem Staate möglich machen, sie sichern, und den Zweck der Nazion: die Erreichung eines immer höher steigenden Wohlstandes in moralischer und ökonomischer Hinsicht befördern. Die Pflichten der Regierung erstrecken sich bei Verwendung dieses Einkommens nur so weit: daß sie durch dasselbe die Sicherheit Aller und jedes Einzelnen gegen Angriffe von aussen und innen, und gegen Störungen der bürgerlichen Ruhe, der nützlichen Thätigkeit und des erlaubten Lebensgenusses durch zweckmäßig angeordnete Anstalten so fest als möglich gründet.

§ 250.

Die mit der höhern Kultur des Bodens und der Menschen gestiegenen Bedürfnisse, Gewerbe und die daraus entstandene Verwickelung der bürgerlichen Verhältnisse, haben nach und nach bei den kultivirten Staaten die Ausgabetitel vermehrt und die Forderungen an die höchste Gemeinkasse unendlich vervielfältigt. Der Staatswirth muß hier nach dem Prinzip der Gerechtigkeit die Ansprüche und Forderungen prüfen, da er nur Verwalter, nicht Eigenthümer des Staatsvermögens und Einkommens ist. Er muß bestimmen: ob und wieweit Vorsorge zur Verhütung der Verarmung, und Anstalten zur Unterstützung der Verarmten; Aufmunterung der Gewerbe, Künste und Wissenschaften durch Belohnungen und Prämien; Aufwand für Unterricht und Religionskultus und andre einzelne Gegenstände Ansprüche auf die Staatskasse machen, und womit diese Ansprüche begründet werden können; er ist für jeden unnöthig, fruchtlos, und schädlich verwendeten Theil des Nazionalvermögens verantwortlich, und zweckmäßige Sparsamkeit in den Ausgaben der Staatskasse muß für ihn wichtiger seyn, als die Bewirthschaftung seines eigenthümlichen Vermögens.

§ 251.

Der Zweck eines jeden Staatsvereins setzt den standesmäßigen Unterhalt des Regenten oder der ihn repräsentirenden höchsten Gewalt zum voraus: da diesen in der Regal die Verwaltung des Staatsvermögens und Verwendung des Staatseinkommens überlassen ist; es muß also ein hinlängliches, keinem Zufall unterworfenes bestimmtes Einkommen für den Regenten vorhanden seyn, über dessen Verwendung er, wenn es der Summe nach festgesetzt ist und mit dem Staatsvermögen in einem billigen Verhältnisse steht, eben so wenig, als ein Privatmann über die Verwendung seines Einkommens Rechenschaft zu geben verpflichtet ist; dieses Einkommen steht dann nicht mehr unter den Regeln der Staatsökonomie.

§ 252.

Da aber der Regent unter allen Staatsbürgern in der Regel das beträchtlichste Einkommen genießt und den größten Aufwand machen kann: so hat auch die Verwendung eines so großen Einkommens auf den Wohlstand der Nazion einen weit bedeutendern Einfluß, als der Aufwand andrer Staatsbürger; um so mehr, da sein Aufwand allgemeiner bekannt, einem jeden mehr in die Augen fallend und von der Nazion genauer beobachtet wird, als der einer jeden Privatperson. In dieser Hinsicht steht daher der Aufwand für den Hofstaat eines Regenten in genauer Verbindung mit dem Wohl des Ganzen und dem Wohlstande der Nazion; und niemals hat ein Regent, dessen höchster Zweck das wahre Wohl seiner Nazion war, diesen Aufwand auf unnütze Pracht und die Augen der unwissenden und ungebildeten Menschen blendende Verschwendung verwendet.

A.

Aufwand der Regierung zu Erhaltung der Sicherheit von aussen und innen.

§ 253.

Eine jede zu einem Staate vereinigte Gesellschaft fordert von ihrer Regierung hinreichende Anstalten für die Sicherheit ihrer Personen und ihres Eigenthums gegen feindliche Angriffe von aussen. Die großen selbstständigen Staaten der neuern Zeit bedürfen zu diesem Zwecke großer Summen, welche oft mehr als die Hälfte des jährlichen Staatseinkommens verzehren; und hier wird freilich dem Staatswirth selten ein Widerspruchsrecht zugestanden, wenn er zu beweisen sich bemühet: daß das Einkommen und Vermögen der Nazion zu so großen Anstrengungen, als man verlangt, nicht in einem für den Wohlstand des Ganzen günstigen Verhältnisse steht; da doch nur die Sicherung dieses Einkommens und Vermögens und der mögliche Wohlstand der Nazion der eigentliche Zweck dieses Aufwandes seyn soll. Ort- und Zeitverhältnisse werden hier dem Staatswirthe oft nur die Aufbringung der von einer höhern Staatsgewalt für nöthig erachteten Summen auf die mindest drückende Art und die Verwendung derselben auf die zweckmäßigste Art überlassen.

§ 254.

Daß ein großes Militär und eine große Seemacht in einem Staate manches neue Gewerbe hervorbringen und manches schon betriebene Gewerbe mehr befördern und weiter ausdehnen können, lehrt schon der Augenschein; da sie aber keine neue Kapitale hervorbringen, die vorher nicht schon da gewesen wären, so werden sie bei einer im Wohlstande steigenden Nazion dieses Steigen mehr oder weniger hemmen; bei einer im Wohlstande stillstehenden, das absolute Nazionalvermögen vermindern, und bei einer schon an sich im Wohlstande sinkenden Nazion dieses Einken und das Verarmen derselben beschleunigen. Denn sie werden die Kapitale, welche sie konsumiren, und die, welche sie auf neue Gewerbe leiten, der Nazion und den schon vorhandenen Erwerbszweigen entziehen; oder die neu entstehenden Kapitale auf Gewerbe leiten, welche nicht für den Wohlstand der Nazion, sondern nur, nach der Ansicht der Regierung, für die Sicherheit derselben gegen Angriffe von aussen, oder gar für unedle Zwecke arbeiten sollen.

§ 255.

Um den Aufwand zu diesen Anstalten für die Nazion so wenig drückend oder so vortheilhaft als möglich zu machen, kann zwar die Staatswirthschaftslehre manche Regeln aufstellen, deren Ausübung aber wieder von dem unmittelbaren Zweck dieser militärischen Anstalten beschränkt wird. So wird es vortheilhaft für den Wohlstand der Nazion seyn:

1) Wenn das Militär nur auf die möglich kürzeste Zeit zu militärischen Uebungen versammelt wird, und ausser dieser Zeit es einem Jeden freisteht, zu wohnen und zu arbeiten, wo er will.

2) Wenn die Besatzungen und die immer in Sold stehenden Truppen in solche Gegenden

den verlegt werden, die Mangel an Arbeitskräften oder Menschenhänden haben, weil sie hier durch ihre Kräfte dem Nazionalvermögen noch etwas nützen können; da sie hingegen in schon stark bevölkerten Gegenden entweder müßig bleiben, oder durch ihre künstlich hervorgebrachte Konkurrenz den dort schon vorhandenen Arbeiterklassen schaden: da sie den Erwerb von Industriearbeiten nur als Nebensache betreiben und den natürlichen Preis derselben dadurch herabbringen.

3) Daß bei der Militärkonskripzion oder Kantonverfassung so wenig Ausnahmen als möglich gemacht werden: um nicht einzelne Stände und einzelne Gegenden zu stark anzugreifen und andre durch ein willkührlich eingeräumtes Vorrecht zu begünstigen, und so auch auf diese Art ein unnatürliches Verhältniß in den Gewerben zu veranlassen.

4) Daß man nicht durch Werbungen im Auslande die Zahl der müssigen Konsumenten im Staate vermehre, die dann, wenn sie wirkliche Dienste leisten sollen, oft ihre Pflicht und ihren Posten verlassen.

5) Daß die größere Konsumzion der größern, oder durch das Militär selbst zu vergrößern

möglichen Produkzion so nahe als möglich gebracht werde: um den für die Staatsbürger lästigen Transportaufwand, oder die den Kassen zur Last fallenden Transportkosten zu vermindern.

6) Daß Festungen nicht mit Städten vereinigt, sondern isolirt, bloß zu militärischem Behuf, angelegt werden: um bei Belagerungen unmenschliche und unnöthige Verheerungen zu vermeiden.

§ 256.

Der Aufwand für die Besoldung des Militärs, für Anlegung und Unterhaltung der Festungen, Versorgung derselben mit Munizion, Lebensmitteln und andern nöthigen Vorräthen und die Anlegung der militärischen Magazine sind Gegenstände, bei denen die staatswirthschaftlichen Behörden nur eine rathgebende Stimme haben, und diese werden vorzüglich dahin sehn müssen: daß Gelegenheit zu Betrügereien und Bestechungen, sowohl bei Zahlungen für gelieferte Bedürfnisse, als bei Naturallieferungen selbst möglichst vermieden werden; daß Naturallieferungen und Naturaldienste (bei dem Festungsbau, Fuhren, Naturaleinquartirung in Friedenszeiten ꝛc.) so viel als möglich in bestimmte Abgaben verwandelt und von Unternehmern bei freier Konkurrenz besorgt werden, daß die Militärgetreidemagazine nicht Handel mit ihren Vorräthen treiben, und dadurch das so nöthige bürgerliche Gewerbe in diesem Handel stören; daß man bei dem Ankauf von nöthigen Vorräthen einzig nur darauf achte: wo man sie am besten und wohlfeilsten erhält; indem jede andre Rücksicht, z. B. daß man nur von Inländern kaufen müsse rc. nicht bloß den Aufwand für die Nazion vergrößert, sondern auch die erste Gelegenheit zu Betrug und Bestechung giebt.

§ 257.

Der Aufwand der Regierung für die innere Sicherheit der Nazion, oder wie es gewöhnlich genannt wird, für die Ziviladministrazion, steht mit der Staatswirthsschaft in genauerer Verbindung, und es gilt hier die allgemeine Regel: daß die Administrazion die Beste seyn wird, welche mit dem möglich geringsten Aufwande den vorgesetzten Zweck am besten erreicht. In den neuern Staaten sind die Mittel zu Erreichung des vorhabenden Zwecks auch in diesen Gegenständen immer kostbarer geworden, und wenn eine Nazion zu größerm relativen Einkommen und Vermögen gelangt ist: so wird sie auch zur

Sicherung und Erhaltung desselben mehr Kosten aufwenden müssen und aufwenden können.

§ 258.

Der Aufwand, den die Regierung in dieser Hinsicht allein oder zum Theil tragen muß, betrifft:

1) Alle die Staatsdiener und Anstalten, welche mit der Verwaltung des Staatsvermögens und mit der Einhebung, Berechnung und Ausgabe des Staatseinkommens beschäftiget sind. Die Erhaltung derselben kommt der Staatskasse ganz und allein zu, indem die Administrazionskosten der Abgaben am natürlichsten von den Abgaben selbst bestritten werden. Viele Regierungen haben aber diesen Aufwand unnöthigerweise sehr vermehrt; sowohl durch die Einführung vieler unbedeutender Abgaben, welche große Verwaltungskosten fordern, als auch durch die Verbindung mehrerer Zwecke mit dem Steuerwesen: so daß z. B. viele Offizianten aus dieser Klasse auf die Beobachtung der Ein- und Ausfuhrverbote und andrer einschränkenden Gesetze Acht haben müssen ꝛc. Das einfachste Steuersistem wird auch den geringsten Aufwand verursachen.

§ 259.

2) Alle die Beamten und Anstalten, welche die Personen und das Eigenthum der Staatsbürger gegen offenbare Angriffe, gegen Räuber, Diebe und überwiesene Betrüger sichern; also also alle Kriminalkollegia, Kriminalanstalten, Gefängnisse ꝛc. mit den dazu nöthigen Personen; ferner die Kosten, welche die Nachspürung und Aufsuchung verborgener oder entflohener gefährlicher Menschen verursachen, Transportkosten derselben ꝛc. Die Regierung wird für die innere Sicherheit und Ruhe am besten sorgen, wenn sie diesen Aufwand ganz und allein übernimmt; indem für Menschen, die der öffentlichen Sicherheit gefährlich sind, nichts willkommner ist: als Zerstückelung der Gerichtsbarkeit, Verpflichtung einzelner Gemeinen, für die in ihrem Bezirk aufgefangenen Verbrecher die Kosten zu tragen, dieselben weiter zu transportiren, sie während der Untersuchung zu bewachen und zu ernähren ꝛc. Bei einer solchen Verfassung geht die Tendenz jedes Einzelnen nur dahin, seine Person und sein Eigenthum möglichst zu sichern, und andern diese Sorge für ihre Person und ihr Eigenthum

ebenfalls zu überlassen; die Nazion wird bei einer solchen Lage der Dinge im Ganzen weit mehr von ihrem Vermögen und ihrer Kraft aufopfern, ohne demohnerachtet den allgemein wünschenswerthen Zweck zu erreichen; einem Jeden wird mehr daran gelegen seyn, Verbrecher zu verscheuchen, als sie aufzufangen.

§ 260.

3) Zu der Einrichtung und Erhaltung der eigentlichen Justizbehörden und Anstalten wird die Regierung nur einen Theil beizutragen haben, insofern nemlich die bei diesen Behörden einzurichtenden Sportulkassen nicht hinreichen, die festgesetzten Besoldungen und andre Ausgaben zu bestreiten, welches bei zweckmäßiger Einrichtung solcher Kassen in der Regel nicht so weit kommen kann. Diese speziellen Kassen, welche die Einnahmen berechnen und auf welche nur bestimmte Summen, niemals Tantiemen angewiesen seyn dürfen, ziehen ihre Einnahmen aus solchen Geschäften: welche nur zum Vortheil oder auf das Verlangen Einzelner unternommen werden und die dann auch in der Regel der Einzelne bezahlen

muß. Die gänzliche Befreiung der Interessenten und Parteien von allen Kosten würde die Geschäfte und das Personal der Justizbehörden ins Unendliche vermehren, und der Prozeßsucht freien Spielraum geben. Eine zweckmäßige Sportulverfassung wird eben so gut ein Gegenstand für den Staatswirth seyn, als eine zweckmäßige Steuerverfassung, und die Sportultaxe darf nicht ohne Zuziehung der staatswirthschaftlichen Behörde gemacht werden. Die Justizverfassung wird kostbar, zeitverschwendend, willkührlich und ihren eigentlichen Zweck verfehlend, wenn sie nach Distrikten und nach Gegenständen so sehr zersplittert ist.

— Man findet in manchen Ländern und Städten so vielerlei Gerichte und so vielerlei Exemzionen, daß es oft große Mühe kostet, um zu erfahren, bei welcher Behörde man in diesem oder jenem Falle Recht zu suchen habe.

— Bei manchen Patrimonialgerichten ist die Gerichtsbarkeit ein einträgliches Pertinenzstück des Guts, aber auch zum größten Nachtheil der Gerichtspflichtigen.

§ 261.

Viele Regierungen haben durch ihre Gesetzgebung den Aufwand für die vermeintliche Sicherung des Nazionalvermögens und des Vermögens der einzelnen Staatsbürger willkührlich und bis zu einer Größe vermehrt, welche auf die Betreibung der nützlichsten Gewerbe den übelsten Einfluß hat. Sie haben jedes einzelne Gewerbe durch besondere Statuten, Gesetze und Taxen eingeengt, deren Beobachtung und Uebertretung die Aufmerksamkeit vieler Beamten erfordert und unzählige Klagen, Angebereien und Prozesse veranlaßt; sie haben die Eigenthumsrechte einzelner Stände und einzelner Personen unzähligen Abstufungen unterworfen, deren Studium für den Richter sehr schwierig und für die Staatsbürger sehr kostbar ist; sie haben Einigen eine Menge Privilegien und Vorrechte vor Andern gegeben und dadurch unnatürliche Verhältnisse, ungerechte Ansprüche und gerechte Klagen hervorgebracht, deren Aburthelung und Entscheidung unnöthige Zeit und Kosten erfordert und dem Staatsbeamten sein Geschäft beschwerlich und unangenehm macht; sie haben es so weit gebracht: daß das Studium der willkührlichen Gesetzgebung in staatswirthschaftlichen Gegenständen das mühsamste Geschäft geworden ist, und daß weder Richter noch Partheien die Verwickelungen übersehen können, in welche eine reglementarische Gesetzgebung alle bürgerliche Verhältnisse brachte.

§ 262.

Die Besetzung der nöthigen Aemter im Staate ist für den Wohlstand der Nazion, die Autorität der Regierung und das Vertrauen der Staatsbürger zu derselben ein wichtiger Gegenstand: indem zuletzt das Wohl des Ganzen doch von dem guten Willen und der Einsicht der Staatsbeamten abhängt. Wenn die Staatsämter als Nahrungs- und Erwerbszweige von der Regierung vergeben, in der Staatspraxis und der Gesetzgebung als solche anerkannt werden und die Regierung keine höhere und edlere Tendenz, als die Erhöhung des Arbeitslohns für ihre Staatsdiener aufzustellen vermag — dann wird die Nazion die schlechteste Verwaltung zu dem möglich höchsten Preise bezahlen müssen. Der Staatsdiener, der mit der möglich geringsten Anstrengung das möglich höchste Arbeitslohn erringen will, handelt zwar nicht anders, als nach den Gesetzen der Nazionalökonomie ein jeder im Staate handeln wird, der irgend ein Gewerbe treibt, aber der Unterschied ist der: daß jeder andre Gewerbetreibende durch die Konkurrenz mit denen, die dasselbe Gewerbe treiben, zu einer höhern Anstrengung oder zu geringerem Lohn gezwungen wird, und daß der Staatsdiener diese Konkurrenz nicht zu besorgen hat.

§ 263.

Wenn daher die Staatsämter gut verwaltet werden sollen, so muß die Regierung bei der Wahl ihrer Beamten sorgfältig Rücksicht nehmen:

1) Auf die Moralität derselben, als das unerläßlichste Erforderniß zu einem Geschäft, bei dem es oft so leicht ist, ungestraft die Gesetze der Moral zu übertreten.

2) Auf natürliche Verstandesfähigkeiten: indem ausser den unmittelbaren Uebeln, welche Mangel an diesen bei Staatsbeamten zur Folge haben, die Würde der Regierung selbst in den Augen der Staatsbürger verliert, wenn ihre Repräsentanten arm am Geiste sind.

3) Auf die wissenschaftliche Bildung derselben, welche am sichersten den gemeinen Eigennutz überwindet und zu geistiger Thätigkeit auch ohne Geldlohn ermuntert. — (§ 266. 267.)

§ 264.

Das Verhältniß, nach welchem die Staatsbeamten besoldet werden müssen, ist von der höchsten Staatswirthschaftsbehörde allein zu bestimmen, da bei den Militärbesoldungen diese Bestimmung ihr in der Regel nicht überlassen ist. Allgemeine von der Staatswirthschaftslehre hierbei festzusetzende Regeln sind:

1) Ein jeder Staatsdiener muß nach Verhältniß des Standes, aus dem in der Regel das Amt besetzt wird, hinlängliches Einkommen für seine Person, und nach Verlauf einiger Zeit für eine Familie erhalten: so daß die Regierung ihm ohne Unbilligkeit jedes bürgerliche Gewerbe untersagen, und ihn bei überwiesener Pflichtvergessenheit aus Eigennutz, mit Strenge bestrafen kann.

2) Das Einkommen eines jeden Staatsdieners, der untadelhaft seine Pflicht beobachtet hat, muß mit den Dienstjahren steigen, wenn auch sein Rang nicht gestiegen ist.

3) Der Rang und der Titel der Beamten muß ihren Geschäften und ihrem Diensteinkommen angemessen seyn; indem hohe Titel bei gemeinen Arbeiten eitle Ansprüche hervorbringen, und bei unverhältnißmäßig geringem Einkommen zu übertriebenem

Aufwand und dadurch zu Betrug und Bestechung verführen.

4) Amtstitel sollten keinem Andern gegeben werden, als dem, der das Amt verwaltet, oder der es pflichtmäßig verwaltet hat. Wenn solche Titel (für Bezahlung) an Personen ohne Amt gegeben werden, so setzt die Regierung ihre eignen Beamten in der Achtung der Staatsbürger und in ihrer Selbstachtung herab.

5) Die Besoldungen, die in Geld ausgezahlt werden, sind im gewöhnlichen Laufe der Dinge schwankend, insofern der Werth des Geldes gegen die dafür zu kaufenden Bedürfnisse schwankend ist; es wird daher für diese Klasse der Staatsbürger am besten gesorgt seyn, wenn sie ihre Besoldung nach dem für einen gewissen Zeitraum zu bestimmenden Preise der gewöhnlichsten Getreidearten (§ 143.) erhalten.

§ 265.

Pensionen für Staatsdiener, welche Alters wegen ihren Geschäften nicht mehr, oder nicht mit der gehörigen Thätigkeit vorzustehen im Stande sind, werden zur Diensttreue und Pflichterfüllung der Beamten beitragen; aber es darf dadurch nicht die Besoldung der in Thätigkeit stehenden vermindert werden. Pensionen für hinterlassene Wittwen und Waisen der Beamten sind bei Befolgung der § 264. angegebenen Grundsätze nur in den Fällen zu bewilligen, wenn der Beamte durch seine Dienstverrichtung *unmittelbar* sein Leben einbüßte; denn in allen andern Fällen muß er, wie jeder andre Staatsbürger durch Sparsamkeit oder durch Assekuranz in einer Wittwenkasse für seine Familie sorgen. Billig sollten diese Gegenstände durch ein genau bestimmtes Gesetz festgestellt seyn, indem sonst nicht der *Würdigste* sondern *der* Begünstigungen genießt, der die wichtigsten Verbindungen hat, und Willkühr in der Bewilligung von Pensionen und Wittwengehalten den Beamten leichtsinnig in Verwendung seines Vermögens macht: da er sich auf das Mitleid und die Gnade derer verläßt, welche über seine Forderungen oder über die Ansprüche seiner hinterlassenen Familie entscheiden.

§ 266.

Bei der Besetzung solcher Aemter, welche eine wissenschaftliche Bildung fordern, muß für gehörige Prüfung der sich dazu meldenden Personen gesorgt seyn. Den Studierenden auf den

Landesuniversitäten, die sich zu solchen Staatsämtern bilden, muß nicht durch Staatsgesetze vorgeschrieben werden: welche Wissenschaft sie betreiben und welche Vorlesungen sie besuchen sollen, indem sonst einseitige Köpfe gebildet werden, die alles gethan zu haben glauben, wenn sie das Befohlne gethan haben; aber es muß allgemein bekannt seyn: was von einem Jeden, der ein Staatsamt erhalten will, gefordert wird, und es muß in keinem Falle bei der Prüfung von diesen Forderungen abgegangen oder eine Ausnahme gemacht werden; übrigens sollte man keine andre Zeugnisse, als über den moralischen Lebenswandel verlangen, denn alle andre Zeugnisse muß die Prüfung ersetzen.

§ 267.

Die Aemter, deren Verwaltung nicht eine wissenschaftliche Bildung, sondern nur Aufmerksamkeit, Treue und Gedächtniß verlangt: als die Aemter der Kassenbeamten, Einnehmer, Aufseher, Kopisten ꝛc. sollten nicht, um der Ersparung willen, mit Personen aus den niedrigen Klassen des Volks besetzt werden: da die Würde der Regierung zu sehr von ihren Beamten abhängt und durch diese leicht kompromittirt werden kann. Eben die Meinung, daß solche Beamte der Staatskasse wenig kosten, hat zu Vermehrung solcher Aemter, oft bis zu einem unglaublichen Verhältniß, viel beigetragen; und die Verringerung der Quantität und Verbesserung der Qualität dieser Beamtenklassen wird für den Wohlstand des Ganzen, für die Sicherheit der Administrazion und für Verminderung der Betrügereien treuloser Beamten sehr gute Folgen haben.

§ 268.

Ob es besser sey: zu Verwaltung der staatswirthschaftlichen Angelegenheiten ganze Kollegia oder einzelne dem Chef des Ganzen subordinirte Beamte anzustellen? ist eine für die Regierung sehr wichtige Frage. Nachdenken und Erfahrung lehren: daß in Gegenständen, die nicht einer Erlernung durch das Gedächtniß fähig sind, die sich nicht unbedingt unter allgemeine Regeln bringen lassen, und die genaue Lokalkenntnisse voraussetzen, in der Regel eine kollegialische Berathschlagung nicht heilsam ist: denn die mehresten Stimmen sind wohl selten die besten und klügsten. Wenn für die staatswirthschaftliche Gesetzgebung im Allgemeinen gesorgt ist, welche keiner untergeordneten Behörde oder Person überlassen werden darf, so wird der Distrikt gewiß besser verwaltet werden: dessen Vorgesetzter in staatswirthschaftlichen Angelegenheiten allein und mit eigner Verantwortlichkeit gegen den Chef der Landesadministrazion die vorfallenden Geschäfte besorgt; aber die Prüfung dieser Beamten muß streng und gewissenhaft veranstaltet und die Vernachlässigung ihrer Amtspflichten oder moralische Schlechtheit mit unnachsichtlicher Strenge bestraft werden.

§ 269.

Daß landständische Vereinigungen — die nicht bloß dem Namen oder der Form nach existiren — für die Staatswirthschaft von großem Interesse seyn müssen, lehrt der Zusammenhang der Quellen des Staatseinkommens mit dem Einkommen selbst und dessen möglicher Vermehrung. Diese Landstände müssen Personen seyn, denen an Erhaltung der Ordnung im Staate und der größten Sicherheit von aussen und innen am mehresten gelegen ist; die also am mehresten durch Vernachlässigung derselben zu verlieren haben, ohne dem Uebel ausweichen zu können: die Grundeigenthümer. Die Wahl und die Rechte derselben dürfen jedoch nicht durch ihren persönlichen Stand und Rang (Adel, Geistlichkeit ꝛc.) sondern durch ihre Qualität als Grundeigenthümer überhaupt bestimmt werden. Manches

schäd-

schädliche Gesetz, manche den Wohlstand der Nazion untergrabende Einrichtung würde nicht vorhanden seyn, wenn diese ständischen Vereinigungen das wären, was sie seyn können.

B.

Anstalten, um die Verarmung einzelner Staatsbürger zu verhüten und die Verarmten zu unterstützen.

§ 270.

Die Regierung ist verpflichtet, dafür zu sorgen, daß keinem Mitgliede des Staats in dem Bestreben, sich Einkommen, Wohlstand und Reichthum zu verschaffen, Hindernisse in den Weg gelegt werden: insofern die dazu angewendeten Mittel an sich rechtlich und dem höhern Zweck der ganzen bürgerlichen Gesellschaft nicht entgegen sind; aber die Regierung ist nicht verpflichtet, dafür zu haften, wenn dieses Bestreben nicht einem Jeden gelingt: so daß sie einem solchen durch ihre Kraft oder ihr Vermögen dabei behülflich seyn, oder ihn bei ganz mißlungenen Unternehmungen ernähren müßte; indem sie dies alles nicht anders als auf Kosten des Nazionalvermögens oder durch Beschränkung und Bedrückung andrer Staatsmitglieder würde thun können.

§ 271.

Gerechtigkeit gegen jeden Einzelnen und gegen Alle ist die höchste und einzige Tugend, welche die Regierung üben soll; Wohlthätigkeit und Barmherzigkeit können ihr nie zur Pflicht gemacht werden. Für den einzelnen Staatsbürger, der ohne sein Verschulden verarmte, müssen im Lande Anstalten vorhanden seyn, die mit der größten Sparsamkeit und nach dem Prinzip der Gerechtigkeit das Uebel gut zu machen oder zu mildern suchen, das den Einzelnen arm und hülfsbedürftig machte; aber hierbei kömmt der Regierung bloß die Oberaufsicht und nur in ganz speziellen Fällen die Mithülfe aus der Staatskasse zu.

— In keinem Lande Europens fehlt es an solchen Anstalten und Stiftungen, und in manchen Ländern würde die Vorsorge für den Wohlstand der Nazion eher eine Einschränkung als eine Ausdehnung derselben anrathen.

§ 272.

Verschiedene Naturereignisse, welche zu gewissen Zeiten wiederkehren, bringen zuweilen Einzelne oder Viele in Armuth oder in die Lage der Hülfsbedürftigkeit; Blitze, Stürme, Hagel, Ueberschwemmungen ꝛc. sind Ereignisse, deren üble Einwirkungen nur zum Theil von dem Einzelnen den sie treffen, verhütet werden können; und die gegen die übeln Folgen solcher Uebel anzuwendenden Mittel verdienen deswegen alle Aufmerksamkeit der Regierung: weil sie in der Regel das Grundkapital des Staats (Grund und Boden) treffen, welches bei Nachlässigkeit oder Langsamkeit in Wiederherstellung des angerichteten Schadens entweder auf immer, oder auf längere Zeit vermindert wird, als nöthig wäre. Wir finden daher in den mehresten wohleingerichteten Staaten Steuerremissionskassen, Kreisverbindungen zu gegenseitiger Hülfsleistung, Feuerassekuranzen, Hagelassekuranzen, Vereinigung vieler Grundbesitzer gegen die Wuth reissender Ströme ꝛc. auf deren zweckmäßige Einrichtung und Verwaltung die Regierung genaue Aufsicht wenden muß.

§ 273.

Es darf jedoch hierbei nicht ausser Acht gelassen werden, daß mit diesen Anstalten auch nachtheilige Folgen verbunden sind, indem sie die für den Wohlstand des Einzelnen und des Ganzen so nöthige Vorsicht vermindern: in günstigen Zeiten für die ungünstigen zu sorgen und also sein eigener Versicherer (Assuradeur) zu seyn; auch hat der, welcher ein Grundstück kauft, schon bei Bestimmung der Kaufsumme auf solche Unglücksfälle Rücksicht genommen und sie nach einem gewissen Durchschnitt als zehrendes Kapital in Abzug gebracht. Eben deswegen können dergleichen in dem Gange der Natur gewöhnliche Unfälle keinen Anspruch auf Unterstützung der Staatskasse machen, und es kann den übrigen Staatsbürgern, welche solchen Unfällen nicht ausgesetzt sind, mit Gerechtigkeit nicht die Verpflichtung aufgelegt werden: in dergleichen Unfällen mit ihrem Vermögen zuzutreten.

§ 274.

Man hat in vielen Ländern allerlei Unfälle, welche eine plötzliche Verarmung bewirken können, in ihren übeln Folgen dadurch zu vermindern gesucht: daß entweder mehrere einem solchen Unfalle ausgesetzte Personen den Schaden gemeinschaftlich zu übernehmen sich verbanden, oder daß eine einzelne Anstalt die Assekuranz gegen eine gewisse Abgabe übernahm; z. B. Assekuranzen gegen Feuerschäden aller Art, gegen Viehpest ꝛc. Es muß hierbei noch mehr in Ueberlegung gezogen werden: ob die Aussicht auf gänzliche oder theilweise Wiedererstattung des Verlustes den Schaden solcher Unfälle nicht vergrößert? Ob der, dem durch Brand seine Gebäude und seine Mobilien verloren gingen, nicht achtsamer auf die Sicherheit derselben gegen Feuer gewesen seyn würde, wenn er überzeugt war, daß ihn der Schade allein traf? Ob die Aussicht, bei einer Viehseuche das verlorene Vieh ganz oder größtentheils ersetzt oder bezahlt zu erhalten, die Vorsichtsmaaßregeln des Einzelnen gegen dieses durch Aufmerksamkeit wohl zu verhütende Uebel zum Schaden des Ganzen nicht vermindert? Ob die Regierung nicht Mittel hat, den fleißigen und achtsamen Bürger auf andre Art gegen die übeln Folgen der Unachtsamkeit und Nachlässigkeit andrer zu decken?

— Es ist Sache eines philosophischen Staatsmannes, für einzelne Länder und Provinzen den zu befürchtenden Nachtheil solcher Einrichtungen mit dem zu erwartenden Vortheil zu vergleichen.

— Die Assekuranz gegen Schaden bei der Schiffarth ist dergleichen Bedenklichkeiten nicht in dem Grade unterworfen: da hier die Gefahr, welche dem Leben nützlicher Menschen drohet, auch kostbare Hülfsmittel zu ergreifen rathsam macht.

§ 275.

Es giebt aber auch Unfälle, welche nicht das Grundkapital der Nazion, sondern die Arbeitskräfte solcher Menschen treffen, die wenig oder gar kein Mobiliarkapital besitzen, und bei denen eine Assekuranzanstalt auf die gewöhnliche Art gar nicht anwendbar oder augenscheinlich bedenklicher ist, als bei den eben abgehandelten. Diese Unfälle sind es eigentlich, welche die gewöhnlichen Armenversorgungsanstalten für manches Land und manche Nazion kostbarer gemacht haben, als alle Anstalten zum Unterricht und zur Bildung der Nazion; welche bei allem Aufwand der Staatskassen, bei aller Wohlthätigkeit und Barmherzigkeit der Einzelnen immer mehr zur Herabsetzung des Menschenwerths und Entwürdigung der Menschen selbst um sich greifen; und die nicht trotz alles Aufwandes der wohlhabenden Klassen, sondern eben wegen dieses Aufwandes derselben oder vielmehr dessen falscher Anwendung, zuzunehmen scheinen.

§ 276.

In der Regel haben die Unfälle der letztern Art, welche nicht das Grundkapital, sondern die Arbeitskräfte der Menschen treffen, auf die Stände, die sich mit der Kultur des Bodens beschäftigen, keinen Einfluß; oder wenn sie dieselben treffen, so sind sie für die übrigen Stände der Nazion weniger fühlbar, als die Unfälle, welche die eigentlich sogenannten industriösen Klassen und vorzüglich die gemeinen Arbeiter in Fabrik- und Manufakturanstalten treffen; weil die mehresten Staaten die Vermehrung der zuletzt genannten Klasse sich eifrig angelegen seyn ließen, ohne für die der erstern Art überhaupt — oder in gleichem Verhältniß zu wirken. Wenn nun bei einer Nazion der Lohn der gemeinen Arbeit nur bei ununterbrochen fortgesetzter Thätigkeit dem Arbeiter so viel einbringt, daß er die nothwendigsten Lebensbedürfnisse von Tage zu Tage befriedigen kann: so ist dieser beklagenswerthe Zustand ein Beweis von Uebervölkerung dieses Standes, welcher nur durch unnatürliche Einrichtungen hervorgebracht seyn kann; so lange diese bestehen, so lange werden Armenversorgungsanstalten — welche dem, der heute nichts zu leben hat, weil er heute nichts zu arbeiten fand, oder nicht arbeiten konnte, Unterhalt geben — die elende Lage dieser Menschenklasse nicht bessern, sondern perennirend machen; und die wohlhabenden Stände der Nazion, welche zu diesen Anstalten beitragen, werden eigentlich nur den Vortheil der andern wohlhabenden Stände bewirken und erhalten, welche zu diesen Anstalten nichts beitragen.

§ 277.

Da der Lohn für gemeine Arbeit eben so wie eine jede Waare sich nach dem Verhältniß des Angebots zur Nachfrage richtet: so kann der armselige Zustand dieser Arbeiter nur dann eintreten, wenn sie so vermehrt worden sind, daß ihre Zahl den Bedarf des Landes oder die Kräfte der vorhandenen Kapitale übersteigt; in welchem Falle sie sich durch zu große Konkurrenz selbst den Preis verderben. Wenn Auswanderungsverbote, Beförderungsmittel der Bevölkerung, Einschränkung des freien Uebertritts aus einem Gewerbe und aus einem Stande zu dem andern von Seiten der Regierung — und Armenindustrieschulen, Findelhäuser, Waisenhäuser, Austheilung wohlfeiler Lebensmittel und dergleichen Anstalten von Seiten der Nazion — diese Menschenklasse immer in der überhäuften Zahl erhalten, oder gar noch vermehren, und die Bemühungen der erwähnten Armenanstalten die

Existenz dieser Arbeiter selbst möglich machen: so werden diejenigen, welche die Arbeit solcher Menschen bedürfen und bezahlen, diese Hülfsmittel gern annehmen: um die Arbeitskräfte dieser Menschen so wohlfeil als möglich zu benutzen.

— Die unverhältnißmäßig hohe Armentaxe in England trägt zur Wohlfeilheit der englischen Fabrikwaaren mehr bei, als viele andre laut bekannt gemachte Anstalten der dortigen Regierung.

§ 278.

Man hat in vielen Staaten, vorzüglich in solchen, die durch Prämien, Unterstützungen, Kolonisirungen und andre künstliche Mittel die Klasse der gemeinen Arbeiter unverhältnißmäßig vermehrt hatten, Arbeitshäuser angelegt: um solchen Menschen, die aus Mangel an Arbeit keinen Unterhalt fanden, und solchen, die zu arbeiten nicht Lust hatten, Arbeit und dafür Unterhalt zu geben; die Anstalten der ersten Art nennt man freiwillige oder Armen-Arbeitsanstalten; die der zweiten: Zwangsarbeitsanstalten. Die freiwilligen Arbeitsanstalten, welche die Regierung oder eine andre Kommune anlegt, können von der Staatswirthschaftslehre nicht gebilliget werden; ein jedes Staatsmitglied muß selbst dafür sorgen, daß und wo es für seine Arbeitskräfte Beschäftigung und Unterhalt bekommt, und Niemand darf diese Sorge zum Geschäft der Regierung oder der Kommune machen: indem sonst Faulheit und Bequemlichkeit dieser Menschen, so wie die Vermehrung solcher künstlichen Anstalten die natürliche Folge ist. Wenn aber dergleichen Menschen wirklich in so überhäufter Zahl vorhanden sind, daß sie nicht alle Beschäftigung erhalten können: so werden Arbeitshäuser auch nicht im Stande seyn, das Uebel zu heben.

§ 279.

Bei solchen sogenannten freiwilligen Arbeitsanstalten, welche durch den Aufwand oder Zuschuß der Regierung oder einer Kommune erhalten werden, ist folgendes zu bedenken:

1) Wenn hier Arbeiten getrieben werden sollen, welche schon ein Theil der Arbeiterklasse auf eigne Rechnung, oder ohne Zutritt der Regierung freiwillig betreibt: so wird die neu hinzukommende den Bedarf übersteigende Arbeit den Absatz und den Lohn jener selbstthätigen Arbeiter schmälern, und es werden — um Bettlern und unordent-

lichen Menschen ein hinlängliches Auskommen zu verschaffen — rechtliche Arbeiter an den Bettelstab gebracht.

2) Wenn in diesen Anstalten Arbeiten getrieben werden sollen, welche die Nation vorher gar nicht, oder nicht dem Bedürfniß gemäß betrieb: so hätten ja diese müssigen Menschen ohne Zutritt der Regierung diesen neuen Zweig betreiben können, oder betreiben müssen; wenn nicht unzeitige Wohlthätigkeit sie in ihrer Sorglosigkeit bestärkt hätte. Wenn aber zu solchen Unternehmungen Kapitalaufwand gehörte, so war die Nichtexistenz der erstern auch der sicherste Beweis von der Nichtexistenz der Kapitale, und die Regierung wird durch Aufwendung der Nazionalkapitale zu einem solchen Zweck die Kapitale der Nazion überhaupt vermindern: die zur Vermehrung ihres Vermögens angelegt werden konnten und sollten; oder sie wird durch Entziehung der Kapitale aus andern Gewerben dort noch mehr Bettler machen, als sie hier unterhält; indem ihre Anstalten immer kostbarer sind als die der Privatpersonen.

3) Wenn die Regierung dergleichen Anstalten administriren läßt: so wird der unnöthige

Aufwand, den die Administration verursacht, den Unterhalt unnützer Menschen noch kostbarer für die Nazion machen; und wenn sie von Privatpersonen übernommen werden: so suchen diese aus einer Anstalt für Armen ein einträgliches Erwerbsmittel für sich zu machen.

§ 280.

Zwangsarbeitshäuser werden in einem Lande mehr als in dem andern nothwendige Uebel bleiben, welche nur dadurch vermindert werden können: daß die hier vorhandenen Menschen auf die möglich wohlfeilste Art erhalten werden, und hier sind Rumfordsche Suppen und andre Erfindungen der Art an ihrem rechten Orte: da sie als Armenunterstützungsmittel gar zu bedenkliche Folgen haben; die Aufnahme in solche Anstalten muß von Jedem gescheuet werden, wenn sie nicht die Zahl der unnützen Menschen vermehren sollen.

Wenn aber einmal das Uebel eingetreten ist; wenn eine Menge Menschen umsonst Arbeit und Unterhalt sucht, so kann sie der Staat und die Nazion freilich nicht Hungers sterben lassen. Diese Menschen machen dann nicht mit Unrecht Ansprüche an den Staat, der ihre Ansetzung und

Vermehrung auf so vielerlei Art begünstigte. Wenn bei dieser Lage der Dinge die Regierung das Nazionaleinkommen aufwendet, um solche Menschen bis auf zu hoffende bessre Zeiten zu erhalten: so ist dies ein Aufwand, der dem Wohlstande der Nazion mehr oder weniger schadet, indem dergleichen Hofnungen sehr ungewiß sind; man würde besser für das Ganze und für diese Menschenklassen selbst sorgen, wenn man sie mit einem einmaligen Aufwande nach solchen Ländern transportiren ließ: wo ihre Arbeitskräfte noch hinlängliche Beschäftigung und Lohn finden — und dann die Einrichtungen abschaffte, welche das Uebel herbeiführten.

— Die mehresten Fabrikstädte haben in den neuern Zeiten Armenarbeitshäuser erhalten und viele würden endlich in lauter große Arbeitshäuser verwandelt werden müssen: wenn nicht auch dieses Uebel, wie alle andre, seine natürlichen Grenzen hätte; die aber dann für den Menschenfreund betrübend genug sind.

— In vielen Fällen kann Wiederherstellung der natürlichen Freiheit in der Benutzung und Anwendung der Kräfte auf beliebige Art ein solches Uebel heben; wenn es noch nicht zu tief eingewurzelt ist.

§ 281.

Wenn in den Klassen der Nazion, welche nicht durch gemeine Arbeiten sich ernähren, sondern durch solche Arbeiten, die eine gewisse Bildung, einen vorhergegangenen Aufwand von Kapitalen ꝛc. erfordern, durch den Tod des Familienvaters, durch Krankheiten, Alter, oder durch Nachläßigkeit, Verschwendung und Unordnung einzelne Menschen oder Familien in die Lage kommen: daß sie nicht mehr für ihren Unterhalt überhaupt oder für ihren standesmäßigen Unterhalt sorgen können; so hat die Wohlthätigkeit unserer Vorfahren in den mehresten Ländern durch Hospitäler und milde Stiftungen aller Art für diese Klassen in der Regel reichlich genug, und in manchem Lande so reichlich gesorgt: daß es für viele Menschen ein wichtigerer Gegenstand der Wünsche geworden ist, in solche Anstalten aufgenommen zu werden, als sich durch eigne Kraft auf rechtlichem Wege ein Einkommen zu verschaffen. Die Regierung kann hier nur in Hinsicht auf einige Klassen zum Beitritt verpflichtet seyn, für welche bei den Wohlthätigkeitsanstalten oft nicht gesorgt ist; diese sind: invalide Staatsdiener aus der geringen Klasse, denen sie verhältnißmäßig nothdürftigen Unterhalt zu geben hat, und die Familien der Verbrecher, die entweder durch Todesstrafe oder durch langdauerndes Gefängniß aus der bürgerlichen Gesellschaft geschieden sind. Beide Klassen fallen der allgemeinen Kasse anheim; die erste: wegen der Verpflichtung der Nazion im Allgemeinen gegen die Menschen, die zu Erhaltung der bürgerlichen Ordnung arbeiteten, und die letzte: wegen der Gerechtigkeitspflicht gegen unschuldig gestrafte und wegen der Unsicherheit des Ganzen, die von den in der Regel ganz verlassenen Menschen zu befürchten ist.

§ 282.

Wittwenpensionsanstalten mit Rücksicht auf jüngere Kinder — als gesellschaftliche Assekuranzanstalten — sind, so wie zweckmäßig eingerichtete Sterbekassen, Erfindungen von großem Vortheil für den Wohlstand einer Nazion; bei denen die Regierung nur auf zweckmäßige Einrichtung und Verwaltung zu sehen hat, ohne mit ihrem Einkommen hinzutreten zu müssen. Bei diesen Anstalten finden sich auch nicht die Bedenklichkeiten, wie bei den Assekuranzanstalten, welche Grund und Boden betreffen; denn ein jedes Mitglied wird durch den Beitritt zu einer solchen Gesellschaft gezwungen: nach und nach so viel zu erwerben, daß seine hinterbleibende Familie nicht

Mangel leidet, welches ohne dergleichen Anstalten oft nicht geschehen würde; indem ein solcher Erwerb über den täglichen Bedarf auch von Vielen wieder verzehrt wird.

Wo dergleichen Anstalten in verhältnißmäßiger Zahl und bei zweckmäßiger Einrichtung und Verwaltung bestehen, da werden kostbare Hospitäler: wo die müßige Armuth in Pallästen gepflegt wird, während die thätige in armseligen Hütten Mangel leidet — Waisenhäuser: wo die Kinder der Armen an Leib und Geist verdorben werden, oder weit mehr Aufwand kosten, als die Kinder wohlhabender Eltern ausser denselben — und ähnliche von ihrem Zweck so oft abweichende Anstalten entbehrt oder verringert und ihre Einnahmen zu edleren Zwecken verwendet werden können.

§ 283.

Wenn die Regierung die Erhaltung und Versorgung der in einer Gemeine entstandenem oder vorhandenen Armen dieser Gemeine gesetzlich zur Pflicht macht; so errichtet sie dadurch gleichsam einzelne Assekuranzanstalten gegen die Verarmung, und es muß bei diesen — wie bei allen Assekuranzanstalten — gesetzlich fest stehen:: daß Niemand in diese überall als geschlossene Gesellschaften

schaften zu betrachtende Gemeinen aufgenommen wird, der sich nicht als beitragsfähiges Mitglied legitimiren kann. Wenn die Unterstützung fordernde Klasse sich willkührlich vermehren kann, ohne daß die Unterstützunggebende ein Widerspruchs- oder Ausschließungs-Recht hat: so kann leicht die Forderung den möglichen Aufwand übersteigen, und die Verarmung, die vorher nur eine Klasse traf, wird dann auch zu den vorher wohlhabenden Klassen übergehen; da ohnedem die Tendenz der mehresten Armenanstalten ist: die Wohlhabenden den Armen mehr zu assimiliren, damit der Kontrast nicht zu groß werde; statt daß sie die Armen nach und nach den Wohlhabenden ähnlich zu machen suchen sollten.

§ 284.

Wenn die Regierung zu gezwungenen Abgaben (Armensteuern) schreitet, um Armen zu unterstützen und zu ernähren: so kann das Verhältniß, nach welchem ein Jeder dazu beitragen soll, unmöglich nach Prinzipien der Gerechtigkeit festgesetzt werden; denn weder das größere Vermögen, noch das größere Einkommen eines steuerbaren Staatsbürgers, noch das unbewegliche Eigenthum kann einen Maasstab abgeben, der mit der Verpflichtung zu Unterstützung und

Ernährung hülfloser, oft unnützer, schädlicher und unmoralischer Menschen in Verhältniß zu bringen ist; indem vielleicht der Theil der steuernden Nazion, der am wenigsten Vermögen und Einkommen hat, und in vielen Fällen das Ausland, von einer solchen Steuer den größten Vortheil zieht. So kann durch diese Zwangswohlthätigkeit das natürliche Verhältniß der menschlichen Gesellschaft verkehrt und der Grund zu einem Uebel gelegt werden: das in sich selbst immer größer wird; das den Wohlstand und die Moralität der Nazion tief verwundet, und die Regierung, die einmal von der Gerechtigkeit abwich, zu immer größern Eingriffen in die Eigenthumsrechte verleitet.

C.

Prämien und Patente zu Aufmunterung der Gewerbe, Künste und Wissenschaften.

§ 285.

Wenn man unter Prämie eine zum Voraus versprochene Belohnung für irgend ein durch Anwendung von Fleiß, Talenten oder Kapitalen hervorgebrachtes Produkt versteht: so hat diese Art der Aufmunterung auf den Gang der Nazion in ihren Gewerben oft Folgen, welche die Regierung bei Aussetzung derselben nicht voraussah, oder wenigstens nicht beabsichtete. Wenn die Prämien auf die Einführung eines vorher in der Nazion unbekannten oder noch nicht betriebenen Erwerbszweiges ausgesetzt werden: so kann man dies als eine Spekulazion betrachten, welche die Regierung auf Kosten des Nazionalvermögens unternimmt; und es wird wenigstens vortheilhafter für dasselbe seyn, wenn diese Spekulazion auf diese Art der freiwilligen Konkurrenz überlassen wird, als wenn die Regierung sie auf Administrazion unternimmt; indem im letztern Falle die ökonomisch nachtheiligen Folgen zu befürchten sind, welche man gewöhnlich bei den vom Staate administrirten Gewerben findet. Wenn nun ein neues Gewerbe durch die Prämie in Gang gebracht und für die Nazion nützlich gefunden wird: so ist die Spekulazion als gelungen anzusehen. Uebrigens werden in einer Nazion, deren Gewerbefreiheit durch allgemein bekannte Gesetze gegründet ist, gewiß einzelne oder mehrere mit andern Gewerben und Spekulazionen sich beschäftigende Bürger früher und mit besserm Erfolg als die Regierungen neue Gewerbe einführen, die der Nazion noch fehlen: wenn sie für diese vortheilhaft sind, und wenn andre bis jetzt einträglicher gewesene Gewerbe, Kapitale und Arbeitskräfte zu diesen neuen Geschäften übrig lassen.

§ 286.

So wie die Regierungen schlechte Kaufleute, Fabrikanten und Gewerbsleute sind, so sind auch in der Regel ihre Beamten nicht dazu geeignet: den Vortheil, den ein vorgeschlagenes und neu einzuführendes Gewerbe für das Nazionalvermögen überhaupt hat, vor der Einführung desselben richtig zu beurtheilen und es wird ein seltner Glücksfall seyn, wenn eine solche Spekulazion gelingt. Wenn sie nun mißlungen und die Sache aufgegeben worden ist, so hat das Nazionalvermögen den Verlust: daß viele Staatsbürger verleitet worden sind, durch mißlungene Proben Kapitale und Arbeitskräfte aufgewendet zu haben, die nützlicher hätten angelegt werden können; und die staatswirthschaftliche Behörde verliert an ihrer Autorität und an dem Zutrauen der Nazion, an welchen ihr doch so viel gelegen seyn muß.

Wenn aber die Regierung durch mißlungene Versuche sich nicht abschrecken läßt, sondern die

Prämie fortsetzt oder noch erhöhet, so kann der Fall eintreten: daß so wohl sie, als viele andre gar nicht erfahren, ob ein solches Gewerbe für die Nazion wirklich vortheilhaft ist, oder nicht; denn es wird dann vielleicht nur um der Prämie willen betrieben, und der Schade ist für das Nazionalvermögen noch größer; indem dieses nicht nur die Prämie aufbringen, sondern auch den Verlust tragen muß, der aus der Verwendung von Kapitalen und Arbeitskräften auf Gewerbe entsteht: die in der Realität weniger eintragen, als andre nicht durch Prämien unterstützte Gewerbe.

§ 287.

Wenn Privatpersonen, vorzüglich Fremde zu neuen einträglich seyn sollenden Unternehmungen von der Regierung Vorschuß verlangen: so muß das in der Regel ein übles Vorurtheil gegen die Unternehmung selbst erwecken; denn wenn diese wirklich Gewinn verspricht und der Unternehmer ein Mann von Kredit ist, so werden sich Kapitalbesitzer finden, welche ihre Fonds dazu leihen oder hergeben; fehlt aber der Beweis von beiden, oder eins von beiden, so wird die Regierung das Nazionalvermögen auf ein mißliches Spiel setzen, wenn sie Anleihen auf den persönlichen

Kredit eines solchen Unternehmens hergiebt; sie wird gewiß häufiger und leichter betrogen werden, als der Privatmann, der sich zu einer Anleihe auf diese Art versteht: da das eigne Interesse den letztern zu größerer Vorsicht und Aufmerksamkeit anspornt, als man von dem Staatsinteresse in der Regel bei dem Staatsbeamten erwarten kann.

§ 288.

Wenn Prämien auf die Anwendung von Fleiß, Talenten, Aufmerksamkeit und Kapitalen in schon eingeführten Gewerben gerichtet werden, so wird auch dabei die Regierung leicht Mißgriffe thun. Der Landwirth, der das schönste Pferd, den schwersten Mastochsen vorzeigt, der auf einer gewissen Ackerfläche die größte Quantität einer gewissen Frucht erntet, kann um der Prämie und der Ehre willen unwirthschaftlich dabei zu Werke gegangen seyn: so daß sein Verfahren nur mit wirklichem Schaden von andern nachgeahmt werden würde. Der Tuchmacher, der das feinste Tuch, der Spinner der das feinste Garn, der Leinweber der das schönste Stück Leinwand geliefert hat, haben deswegen nicht immer das für ihr eignes Vermögen und für das Land vortheilhafteste gethan: da vielleicht ohne Prämie größerer Gewinn dabei war, gröberes Tuch und Garn und schlechtere Leinwand zu machen. Wenn die Prämie sich bloß auf die Quantität einer gewissen Arbeit (Tuch, Garn, Leinwand) bezieht, so wird deren Qualität erst wieder genau untersucht werden müssen; und die Regierung wird sich dadurch viele Arbeiten aufbürden, welche, wenn sie überhaupt nöthig sind, besser von einer Privatgesellschaft besorgt werden können: wobei dann die Regierung und ihre Beamten Vorwürfe der Partheilichkeit, denen sie so sehr ausgesetzt sind, nicht zu fürchten haben.

§ 289.

Wenn Prämien auf Gegenstände gerichtet werden, die nur relativen Werth haben, oder deren Werth überhaupt noch nicht gehörig ausgemittelt und anerkannt worden ist: so kommen hier ebenfalls verschiedene Bedenklichkeiten in Betrachtung. Wenn im ersten Falle der eine Prämie erhält, der den mehresten Holzsamen ausgestreuet, den mehresten Hopfen, Flachs ꝛc. gebauet, massive Gebäude statt hölzerner, Steinmauern statt Bretterwänden aufgeführt hat ꝛc. so wird der wirkliche Nutzen solcher Anlagen doch nur daraus beurtheilt werden können: ob es überhaupt an den Orten, wo sie gemacht wurden, ökonomisch einträgliche und vortheilhafte Unternehmungen waren? Dies kann bloß durch eine ganz spezielle Berechnung ausgemittelt werden, die in vielen Fällen dem Unternehmer selbst und in allen Fällen der Regierung sehr schwer, ja letzterer ohne den Willen des ersten oft unmöglich wird. — Wenn im zweiten Falle der ökonomische Nutzen einer Sache noch nicht völlig bestimmt ist, so treten die § 286. angegebenen Bedenklichkeiten ein; dahin gehört z. B. die Einführung der Ochsen statt der Pferde zur Ackerbestellung und umgekehrt; die Einführung einer fremden Viehrace statt der im Lande vorhandenen ꝛc.

§ 290.

Wenn man glaubt, daß durch dergleichen Prämien falsche Vorurtheile und Anhänglichkeit an alte Einrichtungen, bloß weil sie alt sind, weggeschafft werden sollen: so ist der Weg durch allmälige Belehrung und Bildung der Nazion in Schulen ꝛc. überhaupt gewiß weit sicherer, und er wird schon deswegen dem Zweck der Regierung auch in ökonomischer Hinsicht besser entsprechen: weil auf diesem Wege die Staatsbürger auch besser über ihren wahren Vortheil, und also auch über den wahren Vortheil des Landes überhaupt werden urtheilen lernen; als wenn bei jedem einzelnen Zweige ihrer Geschäfte und ihrer Thätigkeit die Regierung erst mit Prämien zu Hülfe kommen soll. Auch werden unter Einwirkung der Regierung die wissenschaftlichen Anstalten im Lande: Akademien der Wissenschaften und Künste, ökonomische und andre Gesellschaften, durch wohlfeile von vielen gelesene Volksblätter, Kalender und Zeitungen, manche Belehrung unter das Publikum bringen können, ohne daß das Ansehen der Regierung leidet: wenn dieser oder jener Vorschlag gethan werden sollte, der nachher als unbewährt und unausführbar erkannt oder zurückgenommen werden muß.

§ 291.

Prämien, welche auf Erfindungen im Gebiet der höhern Künste gesetzt werden, wirken zu wenig, als daß man von ihnen große Vortheile erwarten könnte: denn bei Gegenständen der geistigen Anstrengung wird der durch eignen Trieb gesporнte Fleiß mehr als die Aussicht auf eine versprochene Prämie wirken; auch kann der Gegenstand der Erfindung selten deutlich angegeben, und die versprochene Prämie kann eben deswe gen dem Erfinder, der nicht durch wichtige Verbindungen und Beschützer seine Ansprüche geltend zu machen im Stande ist, leicht streitig gemacht werden. Hier wird die Regierung den Zweck, die Künste aufzumuntern und zu neuen Erfindungen anzuspornen, besser erreichen: wenn sie neue, anerkannt nützliche Erfindungen immer belohnt, ohne vorher sich selbst durch Versprechun gen zu binden.

§ 292.

Man hat in einigen Staaten sogenannte Patente eingeführt, welche dem Erfinder für die Anwendung seine Erfindung ein Monopol auf eine gewisse Zeit geben: so daß in dieser Periode Niemand das von ihm erfundene Produkt nachmachen darf. Diese Belohnung des Fleißes und der Talente ist bequem; indem die Regierung dann nicht nöthig hat, den Werth oder Nutzen der neuen Erfindung zu untersuchen, aber sie ist nicht staatswirthschaftlich. Wenn der Künstler seine neue Erfindung mit allen von ihr zu erwartenden Vortheilen der Regierung deutlich darlegen muß, wenn er Belohnung verlangt: so kann sie am besten beurtheilen, ob der für die Nazion zu erwartende Vortheil einer Belohnung werth ist, und wieviel dieser Vortheil ungefähr beträgt; sie wird immer für das Nazionalvermögen besser sorgen: wenn sie dem Künstler ein diesem berechneten Vortheil angemessenes Geschenk macht, ohne ihm ein Patent oder ein Monopol zu geben, durch welches andre Bürger und deren Erfindungsfleiß eingeschränkt werden; denn

1) der Schade, den jeder Einzelne dadurch leidet, daß er einen Monopolpreis für die neue Waare bezahlen muß, wird im Ganzen gewiß immer größer seyn, als die Summe, welche das Nazionalvermögen auf einmal dem Künstler als Belohnung giebt.
2) Andre Nazionen, welche die Patente und Monopole der diesseitigen Regierung nicht respektiren, werden in den mehresten Fällen weit eher allgemeinen Vortheil von solchen Erfindungen ziehen, als die patentirende Nazion; die dann noch ausserdem dem patentirten Künstler mit Einfuhrverboten, die schon an sich nicht rathsam sind, zu Hülfe kommen muß.

§ 293.

Was die Prämien betrifft, welche auf die Ausarbeitung wissenschaftlicher Werke, oder auf die anerkannt beste Beantwortung einer wissenschaftlichen Frage gesetzt werden: so wird die Regierung wohl thun, diese Angelegenheit einer mit ihr nicht in Verbindung stehenden Anstalt — der Akademie der Wissenschaften, oder andern gelehrten Gesellschaften — ganz zu überlassen, welche auf ihre Gefahr die eingelaufenen Schriften beurtheilt und die Prämien zuerkennt; denn es wird für die Regierung mißlich seyn, durch ihre Autorität einem literarischen Werke gleichsam den Stempel der Vollkommenheit aufzudrücken, das vielleicht in kurzer Zeit von einem andern nicht gekrönten weit übertroffen wird; oder über dessen Werth die Republik der Gelehrten selbst nicht einig werden kann. Ueberhaupt ist die höhere Kultur der Wissenschaften ganz andern Regeln unterworfen, als die Betreibung der ökonomischen Gewerbe; wenn aber Schriftsteller und Gelehrte ein Gewerbe aus derselben machen: so muß die Regierung dieses Gewerbe, so wie jedes andre, der freien Konkurrenz überlassen.

D.

Einzelne Gegenstände, auf welche die Regierungen Kosten verwenden, oder verwenden können.

§ 294.

Da die Aufklärung des Verstandes und die innere Ausbildung der Menschen ihr Zweck ist, und da aller Wohlstand und alle Reichthümer nur Mittel sind, diesen Zweck möglichst zu erreichen: so gehört auch der Aufwand, den eine Nazion für Anstalten zum Unterricht ihrer jungen Bürger und zur moralischen und wissenschaftlichen Bildung derselben macht, zu dem nothwendigen Aufwand derselben, und in gewisser Beziehung auch zu den nothwendigen Ausgaben der Regierung.

§ 295.

Die Regierung muß auch hier vor allen Dingen sichre Notizen von dem Vermögenszustande der Nazion sich verschaffen, wenn sie gründlich entscheiden will: ob der zu den genannten Gegenständen jetzt bestimmte oder noch zu verwendende Aufwand mit dem absoluten und relativen Vermögen der Nazion in richtigem

Verhältniß steht. Wo — wie es denn in der Regel ist — Unverhältnißmäßigkeiten sich finden; wo auf die Bildung und Kultur einzelner Bürgerklassen oder einzelner Gegenstände des menschlichen Forschens und Wissens große Kapitale verwendet werden, während andre Bürgerklassen und andre Gegenstände in moralischer und intellektueller Hinsicht ganz vernachläßiget sind: da muß die Regierung die Ursachen dieses unnatürlichen Zustandes erforschen und diese zuerst aus dem Wege räumen, ehe sie selbst mit Aufwand ihres Vermögens zu Anlegung neuer ihr nöthig scheinenden, Institute schreitet.

§ 296.

Es ist wohl mißlich, bei einer Nazion — selbst wenn sie ganz in der natürlichen Ordnung geblieben und durch keine Einschränkungen und Regulative aus dieser Ordnung gezogen ist, — die Stufenfolge in Hinsicht auf die Geistesbildung und die wissenschaftliche Kultur vorauszusetzen, die sich in dem Gange der ökonomischen Gewerbe findet; indem die Bildung des Geistes andern Gesetzen unterworfen ist, als die Sorge für den Unterhalt und für Beförderung des ökonomischen Wohlstandes. Deswegen kann keine Regierung von der Verpflichtung sich entbinden:

bei hier entstandenen oder gefundenen Mängeln und Lücken mit ihrer größern Kraft und ihren stärkern Fonds zuzutreten; indessen kann der Staatskasse nur das zur Last fallen: was die für den ganzen Staat und nicht für einzelne Stände, Städte oder Distrikte bestimmten Lehr- Kunst- und wissenschaftlichen Institute erfordern. Sie wird also Akademien der Wissenschaften und Künste und Universitäten verhältnißmäßig zu dotiren haben; aber die Erhaltung aller übrigen Religions- Unterrichts- und Bildungsanstalten kommt billigerweise den Ständen (Handelsschulen, Kunstschulen rc.) und den Distrikten (bei Gymnasien, Bürgerschulen, Landschulen, kirchlichen Anstalten) zu, um deren willen sie etablirt sind. Die Regierung hat hier nur durch ihre Gesetzkraft zu wirken: daß die Existenz solcher Anstalten gesichert und ihr Zweck nicht verfehlt werde.

§ 297.

Da der Einfluß, den die Kultur der höhern Wissenschaften und Künste auch auf den ökonomischen Wohlstand und den Reichthum der Nazion äussert, von Niemand berechnet werden kann; da die Wissenschaften selbst in einer so genauen Verbindung stehen, daß Niemand die ers.e

Quelle einer Erfindung zu erforschen vermag, welche zuweilen mehr zur Vermehrung dieses Wohlstandes beiträgt, als große Kapitale; so wird eine Regierung in dem Aufwande für die Kultur der Wissenschaften, auch ausser der Befriedigung der edleren Bedürfnisse des Menschen, welche sie verschaffen, schwerlich zu weit gehen können; wenn nur dieser Aufwand überhaupt richtig vertheilt und angewendet wird: so daß er nicht die Künste und Wissenschaften mehr einschläfert als ermuntert. Die nöthige Vorsicht und zweckmäßige Maaßregeln hierin zu treffen, ist aber nicht ein Gegenstand für die staatswirthschaftlichen Behörden.

§ 298.

Der Aufwand zu Polizeianstalten, welche für die Gesundheit, den Anstand, die Bequemlichkeit und das Vergnügen der Staatsbürger sorgen, kann der Staatskasse nur in sofern angemuthet werden: daß dieselbe die Kosten zu Erhaltung der höchsten hierzu bestimmten Behörden zu tragen hat. Einer jeden Gemeine kommt es zu, die Kosten zu den für sie allein nützlichen Polizeianstalten aufzubringen, und es würde Verschwendung des Staatsvermögens und Ungerechtigkeit gegen ganze Provinzen und Distrikte seyn: wenn die Regierung den Aufwand zu Vermehrung

rung der Anstalten für Gesundheit, Bequemlichkeit und Vergnügungen einzelner Orte aus dem allgemeinen Fonds bestreiten wollte. Aber die Regierung darf auch nicht einzelnen Orten oder Gemeinen einen Aufwand zu solchen Anstalten zur Pflicht machen, die schon einen höhern Grad des Wohlstandes voraussetzen, ehe sie ohne Zwangsmittel durch freiwilligen Aufwand entstehen: z. B. Beleuchtung, Pflasterung, Besprengung der Straßen, Errichtung öffentlicher Gebäude zu Vergnügungen ꝛc.

§ 299.

Verschiedene Regierungen wenden größere oder geringere Summen von dem Staatsvermögen an die Vergrößerung und Verschönerung einiger vorzüglich privilegirten Städte, besonders der Hauptstädte, in der Absicht:

1) Der dort wohnenden größern Volksmenge Erwerbsquellen zu verschaffen; wenn aber die in einer Stadt vorhandenen Menschen ohne diese Unterstützung nicht bestehen können, so ist eine solche Volksmenge der Nazion lästig: indem der mit nützlichen Arbeiten beschäftigte Theil der Nazion dergleichen überflüßige Menschen erhalten muß.

2) Die Bevölkerung, die Konsumzion und dadurch die Konsumzionsabgaben solcher Städte

zu vermehren; diese Ansicht kann aber nur durch einen Rechnungsfehler entstehen: wenn nemlich die Kasse, welche die Konsumzionsabgaben einhebt, nicht mit der, welche die Kosten zu dem Bau oder den Bauunterstützungen hergiebt, in Verbindung steht; denn diese Nutzung wird gewiß die ärmlichste seyn, welche eine Regierung von ihren Kapitalen ziehen kann.

3) Den Geschmack der Nazion auf Bequemlichkeit und Schönheit der Wohnungen zu leiten, und andre nicht durch sie unterstützte Städte zu vermögen: daß sie aus ihrem eignen Einkommen die ihnen aufgestellten Muster nachahmen sollen. Wenn aber eine Gemeine durch eignen Fleiß und Anwendung eigner Kräfte wohlhabend wird, so findet sich der Geschmack an Bequemlichkeit und Schönheit der Wohnungen von selbst ein und wird dann nicht schädliche Folgen haben; statt daß auf dem hier angegebenen Wege der Anschein des Reichthums früher entsteht, als der Reichthum selbst, und oft armselige Menschen in schön gezierten Häusern wohnen (Potsdam, Neu Ruppin).

Eben so wie der verständige Mensch sein Vermögen erst zur Sicherung seines Unterhalts und seiner nothwendigen Bedürfnisse anwendet, ehe er an Bequemlichkeit und Schönheit der Wohnung denkt: so sollte auch die Regierung das Einkommen des Staats, welches häufig genug durch Schmälerung der nothwendigen Bedürfnisse vieler Staatsbürger vermehrt wird, nicht zu solchen Ausgaben verwenden: die ohnedem Eifersucht der nicht begünstigten und Klagen über Ungerechtigkeit und Unbilligkeit hervorbringen.

§ 300.

Da die Anlegung und Erhaltung der für das innere Verkehr so wichtigen Landstraßen, schiffbaren Flüße und Kanäle in der Regel nicht von den Bemühungen und der Spekulazion der Privatpersonen erwartet werden kann; und da auch ohnedem in der Zerstückelung des Grundeigenthums sich Schwierigkeiten finden, welche nur die Regierung zu überwinden vermag: so werden die auf solche Gegenstände verwendeten Kosten nur dann unnöthigen und übermäßigen Aufwand des Staatsvermögens verursachen, wenn nicht a) mit der gehörigen Sparsamkeit bei deren Einrichtung zu Werke gegangen wird, und wenn b) die Regierung die darauf verwendeten Kapitale zu höhern als den landesüblichen Zinsen nutzen will. Der erste Fehler — der freilich sehr häufig ist —

zieht den zweiten nach sich, und so kann eine an sich sehr nützliche Land- und Wasserstraße für den Gebrauch so kostbar werden, daß sie von den Handelsleuten lieber umfahren werden würde; wenn nicht die Regierungen wieder mit solchen Anstalten häufig einen Zwang verbänden, um sich ein Einkommen von ihnen zu sichern.

— Oft hat man kostbare Straßen von einer Haupt- oder Handelsstadt zu der andern angelegt und die innern Kommunikazionswege vernachläßiget; da man doch mit diesen den Anfang machen muß, um für jene Objekte zu erhalten, und da ein jeder verständige Mensch zuerst für die Nothdurft und dann für die Annehmlichkeiten des Lebens sorgt.

FSC
www.fsc.org
MIX
Papier | Fördert
gute Waldnutzung
FSC® C083411

Kolibri 360 GmbH
Ferdinand-Jühlke-Straße 7
99095 Erfurt, Deutschland
produktsicherheit@kolibri360.de